Uma Gramática Intuitiva

Uma Gramática Intuitiva

Cristina A Schumacher

ALTA BOOKS
EDITORA
Rio de Janeiro, 2018

Uma Gramática Intuitiva — Liberte-se das regras e tome posse da língua que você fala
 ISBN: 978-85-508-0296-1

Impresso no Brasil.

Obra disponível para venda corporativa e/ou personalizada. Para mais informações, fale com projetos@altabooks.com.br

---

Capa e Editoração Eletrônica
Design Monnerat

Fotografias
Stephanny Lotus

Produção Editorial
LTC Livros Tec. Cientif. Editora Ltda – CNPJ: 33.829.698/0007-05

CIP-BRASIL. CATALOGAÇÃO-NA-FONTE
SINDICATO NACIONAL DOS EDITORES DE LIVROS, RJ

S419g Schumacher, Cristina A, 1965-
Uma gramática intuitiva / Cristina A Schumacher.
– Rio de Janeiro: Alta Books, 2018.

ISBN 978-85-508-0296-1

1. Língua portuguesa - Gramática. I. Titulo.

13-1888. CDD: 469.5
CDU: 811.134.3.36

ALTA BOOKS
EDITORA

Rua Viúva Cláudio, 291 — Bairro Industrial do Jacaré
CEP: 20970-031 — Rio de Janeiro - RJ
Tels.: (21) 3278-8069 / 3278-8419
www.altabooks.com.br — altabooks@altabooks.com.br
www.facebook.com/altabooks

"Não há saber mais ou saber menos: há saberes diferentes."

Paulo Freire

"O sucesso da educação linguística é transformar [o falante] num poliglota dentro de sua própria língua nacional."

Evanildo Bechara

"Você pode até dizer que tô por fora
ou então que eu tô inventando
mas é você que ama o passado e que não vê
é você que ama o passado e que não vê
que o novo, o novo sempre vem."

Belchior, "Como Nossos Pais"

AGRADECIMENTOS

São tantos.

A Irene e o Egon (*in memoriam*), meus pais, são os primeiros da fila.

Em seguida: meus filhos, os amigões e amigonas e os amigos e as amigas, meus irmãos, pessoas com quem trabalhei e estudei, leitores e sobretudo opositores – eles me deram motivos para aprimorar meu trabalho mais do aqueles que o elogiaram.

Objetivamente, menciono os nomes de quem me ajudou a concretizar este livro pelas leituras, críticas e revisões: Lauren Müller, Sabrina Kirsch Barreto, Lúcia Collischonn de Abreu, Fernanda Cordeiro Silva e Lúcia Maciel.

Sendo este um projeto de muito tempo e longa maturação, peço desculpas a quem me ajudou há mais tempo – me antecipo à gafe de não mencionar seus nomes.

PREFÁCIO

Este livro foi escrito para aproximar os falantes de português de sua língua. Por meio de uma reflexão simples acerca do que nossa intuição nos permite fazer quando nos comunicamos verbalmente, esta Gramática Intuitiva serve para (re)estabelecer uma compreensão de como a língua funciona. Não uma compreensão teórica tradicional, mas explicativa intuitiva. Com as Vivências da Língua e o uso de exemplos, conceitos e mecanismos acessíveis, descrevemos funções de termos com palavras do dia a dia e identificamos as partes de uma frase com perguntas empregadas cotidianamente. Aos poucos, mostramos a relação que existe entre essa construção e o que aprendemos na escola.

O conhecimento popular sobre os fatos da língua mistura-se a mitos e equívocos que também nos afastam do bom uso que todos desejamos fazer de nosso idioma. Por isso, esta Gramática Intuitiva inicia com uma exposição e um esclarecimento sobre crenças e preconceitos sobre o tema.

Uma vez que nossas ações são limitadas – ou engrandecidas – por aquilo em que acreditamos, repensar nossos conceitos sobre a língua e nossa forma de encará-la significa muito mais do que parece, pois ela é nosso meio de relação com o mundo. Sob essa ótica, nos limita demais aceitar que todos nós falamos português errado, como certamente já ouvimos alguém dizer.

Então seja bem-vindo(a), caro(a) Leitor(a), a um livro que pode, quem sabe?, mudar seu mundo.

Cristina A Schumacher

SUMÁRIO

INTRODUÇÃO

Desde o início de meus estudos de idiomas, fossem eles estudos de português ou línguas estrangeiras, pude observar que a forma utilizada para explicar como se comportam as palavras na língua – nomes e explicações sobre elas – era quase sempre uma parte um tanto indigesta do processo de aprender. Difíceis, enfileirados em expressões que não atraem o leitor ou estudante, os nomes e explicações sobre português dificilmente mostravam, em si mesmos, um caminho para melhorar a expressão e aumentar o domínio da própria comunicação.

Nas aulas de português, o ato de decifrar termos como "predicado", "predicativo", "aposto", "vocativo", etc. era um mistério que eu observava revelar-se só a muito poucos. Normalmente a revelação durava o tempo da aula, e algumas poucas semanas, talvez, bastavam para que tudo entrasse novamente naquela categoria de conhecimentos inúteis e sem conexão com nossas necessidades diárias.

Todos temos a lembrança de regras muito distantes da nossa realidade de comunicação cotidiana, como, por exemplo, "não se pode começar uma frase com pronome oblíquo!" Ao que alguém perguntava, usando o tal pronome: "*Me* diz por quê, hem?" E não havia resposta satisfatória.[1] Discrepâncias como essa há tempos contribuem para que nós tenhamos a tão falsa quanto popular impressão de "não saber português".

A falta de base de compreensão da própria língua costumava gerar muita dificuldade em meu trabalho de ensinar a aprender outra língua, normalmente o inglês.

O distanciamento da nossa realidade de comunicação, presente nas nossas práticas para "aprender" português na escola e depois, na forma como afirmamos, convictos, "não-sei-português", mostram que sem entendermos a organização da nossa língua materna, sem dominarmos um mínimo de teoria sobre como nos comunicamos verbalmente, não podemos esperar entender bem como se organiza e constrói uma língua estrangeira nos processos de aprendizagem tradicionais – com livro-texto e aulas.

Constatei, ainda, que essa mistura de culpa por – e certeza de – "não saber português" cria uma série de vantagens duvidosas. Porque se limitam a beneficiar um pequeno número de pessoas apenas. Arriscaria afirmar que entre elas se encontram aqueles que publicam obras que exploram as regras sem nos dar qualquer margem de compreensão do motivo por que, afinal, "erramos" tanto e sabemos "tão pouco".

Depois de publicar vários livros de autoensino de idiomas estrangeiros, para os quais desenvolvi e apliquei parcialmente os conceitos desta Gramática Intuitiva, recebi do meu editor a sugestão de tratar da Gramática Intuitiva para o falante de português brasileiro. Falar de português para quem utiliza o idioma como língua materna, um público que tem a característica de sentir-se estranhamente alheio a sua língua. Pois foi justamente essa popular e equivocada esquisitice, de que falamos *o nosso* português errado, o que mais me motivou a aceitar a sugestão.

Este livro serve, portanto, para você, leitor, fazer sua *linguisticoanálise* – em um contraste divertido com *psicanálise*. Pois assim como fazemos em um processo

[1] Você verá ocasionalmente, neste livro, frases iniciadas por pronome oblíquo. São intencionais, assim como o serão aqui vários usos populares do nosso idioma.

de terapia psicanalítica, quando nos tornamos conscientes dos nossos padrões de pensamento e comportamento, proponho que nos tornemos conscientes de como nos comunicamos, do ponto de vista dos padrões que usamos para associar as palavras e gerar a informação. Faço isso através de um passo a passo utilizando o que resolvi chamar de **vivências da língua**. Com elas são trazidos à tona conhecimentos que todos temos, e que de um modo geral não sabemos, pois os empregamos intuitivamente. Com recursos simples e acessíveis, aponto caminhos que revelam o *domínio que todos temos* da nossa língua, por um lado. Por outro, desejo erradicar, por meio do esclarecimento, a ideia equivocada de erro e de falta de conhecimento como regra e como verdade absoluta em nosso conhecimento linguístico, algo inflexível. Quero que, com essa leitura, tenhamos maior liberdade comunicativa, nos sentindo mais aptos para fortalecer nossa capacidade de expressão. Essa capacidade, em muitos de nós, está latente apenas, pois **temos medo de errar quando nos expressamos livremente**. Aqui também é oferecido um caminho de afirmação em um terreno onde a baixa autoestima anda solta, que é o conhecimento de português por nós, brasileiros.

Vale acrescentar que a maior parte do que está exposto aqui não constitui novidade, mas sim conhecimento corrente, ainda que restrito ao meio acadêmico. São considerações e fatos levantados a partir de pesquisas, reflexão, método e trabalhos científicos na área da linguística básica, digamos. No mais, são minha criação a técnica das perguntas, na forma como está construída, bem como a organização geral do livro, suas vivências e redação.

O objetivo geral desta obra é explorar o pensar: exercitar e dominar um pouco mais, com meios acessíveis, a forma como descrevemos e falamos sobre a realidade, se entendermos que é isso que fazemos quando nos comunicamos, construindo o mundo à nossa volta com nossas palavras. É necessário que façamos isso com mais propriedade, menos insegurança. "Propriedade", aqui, é sobretudo o mesmo que "posse". **Temos de nos tornar donos, de uma vez por todas, da língua que falamos.** Desejo acrescentar ainda a necessidade de mais consciência em relação à língua, pois não podemos nos tornar donos daquilo que não conhecemos. Ou até podemos, mas se tratará de enorme desperdício de oportunidades. Assim, conhecendo um pouco mais sobre como operamos podemos, inclusive, buscar maior correção conforme o padrão que estamos buscando (formal, informal, criativo...). Não se trata, necessariamente, da correção dos detalhes e das regras, e sim da forma feliz, eloquente e rica de ordenar as palavras; escolhê-las, combiná-las de forma criativa, com expressão intensa e frases íntegras.

Existe uma relação entre a gramática tradicional, normativa, que aprendi na escola e que é cobrada nos concursos e abordagens formais do conhecimento de português, com a gramática intuitiva desenvolvida neste livro?

Um dos principais objetivos deste livro é justamente mostrar a relação e as equivalências entre a gramática normativa e a intuitiva que exploramos aqui. Em boxes ou molduras assim como esta, estão destacados ao longo do livro os termos da gramática normativa e sua correspondência com o que está sendo trabalhado na nossa gramática intuitiva. Devido às explicações que desenvolvemos, **a compreensão dos termos e itens da gramática tradicional é grandemente facilitada.**

Para facilitar a consulta, esses destaques estão identificados no índice geral do livro sob o título **Índice para a explicação dos termos da gramática tradicional.**

Parte I

1 REFLEXÕES IMPORTANTES

NÃO ESTAMOS FALANDO DE REGRAS

Neste livro você não vai aprender regras. Já existem muitas obras sobre elas. Vai, sim, ao longo dos capítulos, ser reapresentado a um velho amigo seu: o idioma que você fala em casa, no trabalho, em toda parte. Você vai descobrir que já conhece muito bem esse amigo, e que, se quiser, vai finalmente poder andar de braços dados com ele, para todo mundo ver. Não vai mais precisar negar esse relacionamento tão próximo e de tantos anos, como quando faz afirmações do tipo "não sei português". Quantas vezes ouvimos as pessoas à nossa volta dizer isso? E nós mesmos, quantas vezes evitamos escrever de determinado jeito, ou falar determinada palavra, bastando para isso estarmos em alguma situação em que é preciso "falar ou escrever bem"? Por insegurança ou medo de fazer feio evitamos uma certa palavra ou abandonamos uma pequena ou grande expressão de nossa individualidade na comunicação. Ou ainda, usando nossa metáfora, agimos assim por medo de nos verem tão íntimos de alguém tão importante, tão distante, o "português". Esse nosso medo constante de errar e a consciência emprestada e impositiva de não saber colocaram alguns sérios problemas no nosso caminho: o primeiro problema, e o mais sério, é que no fundo não sabemos bem o que é errar.

O QUE É ERRAR?

Seja em língua estrangeira ou em português, "errar" inclui muitas coisas. É natural da língua que as coisas recebam nomes para descrevê-las e que muitas coisas em um mesmo grupo tenham o mesmo nome "genérico" – veja por exemplo os pássaros, tão diversos entre si e no entanto todos chamados pelo mesmo nome (até sabermos seu nome popular, sua espécie, etc.). Por isso é preciso cuidado: chamamos coisas bem diferentes pelo mesmo nome por uma prática comunicativa, mas com isso não podemos automaticamente reduzir ou simplificar a natureza do que estamos nomeando. É logicamente impossível codificar, criar categorias (montanhas e pássaros, aves, peixes, seres humanos, roupas...) e individualizar ao mesmo tempo. Vemos que a linguagem, como qualquer código, trabalha com categorias abrangentes: todas as montanhas (pássaros, aves...) têm o nome que têm, mas nenhuma é igual a outra. Todas as mãos são chamadas mãos, mas pertencem cada par a uma pessoa diferente, e assim por diante. Descrevemos com as mesmas palavras fatos e fenômenos que às vezes têm características bem diversas. "Errar" é assim: aplica-se aos mais diversos contextos; não significa sempre a mesma coisa e nem sempre tem a mesma consequência e intensidade. Ninguém compararia um erro médico durante uma cirurgia, por exemplo, com um erro na quantidade de sal em um prato. E, no entanto, o médico e o cozinheiro reconhecem: "Errei."

Errar, em sua história, vem do latim *errare*, que é "andar a esmo". Andar a esmo é não ter destino, não ir ao ponto. Pode-se estar perdido para sempre ou sair por aí e encontrar em seguida um caminho.

É preciso entender que errar, no caso da língua falada por quem a usa desde pequeno, nada mais é do que desrespeitar certas regras, aplicáveis em determinados contextos e criadas para determinadas finalidades. **Quem nasce falando uma língua dificilmente desrespeita as regras naturais dessa**

língua e por isso dificilmente deixará de ser compreendido quando "errar" ou sair do contexto.

O mais importante, quando se fala de erro no idioma materno, é reconhecer que, como nascemos falando a nossa língua, temos dentro de nós um *conhecimento intuitivo* sobre essa língua que é *altamente confiável*. É com base neste conhecimento intuitivo que vamos trabalhar.

○ A DITADURA DO CORRETO

Ao contrário do que se espera que seja o pensamento corrente em tempos de inédita abundância e disponibilidade de informação, permanecemos vítimas de uma série de ditaduras, vieses e desconhecimentos. A ditadura que nos interessa aqui, tão camuflada de disciplina e boa imagem quanto insidiosa e produtora de baixa autoestima e menos valia, é aquela que diz respeito ao que é correto no falar e no escrever. Como se, por usarem veículos parecidos, a palavra escrita e a falada fossem iguais. Como se dependêssemos, necessariamente, de uma avaliação externa para ter uma permissão de uso em nossa comunicação, realizada na língua que crescemos falando.

Parece que nós brasileiros atingimos o estado da arte da repressão nesse item. Nós mesmos nos reprimimos. **Quantas vezes ouvimos – e quantas dissemos, nós mesmos – que não sabemos português? Que erramos continuamente?**

Não há melhor veículo do que o idioma próprio e a visão generalizada sobre ele para fortalecer – ou enfraquecer – o sentimento de inferioridade de um povo. Fazer com que seus cidadãos falantes acreditem que não sabem falar a língua que falam. E não parece mesmo absurdo, dito assim?

Quando somos falantes ainda não proficientes de uma língua estrangeira e erramos, aí em geral erramos mesmo, ou seja, *não somos compreendidos.* Mas quando erramos em português, nossa língua materna, estamos desrespeitando alguma regra da gramática normativa ou sendo julgados por uma comunidade de falantes ou segundo um padrão comunicativo – uma escolha de um modo de comunicar-se – que não é o nosso, mas é improvável que não nos façamos entender, como no caso da língua estrangeira. Os nossos erros "internos", dentro da mesma comunidade de falantes de uma língua, são contextos estranhos, julgamentos ou, na pior das hipóteses, construções ou usos que poderiam ser mais precisos, mais ricos ou elaborados – e mais ilustrativos e expressivos para quem nos lê ou ouve, nosso interlocutor. O que comunicamos, porém, em geral não estará errado. Ou seja, será, sim, compreendido!

○ LÍNGUA NO PLURAL

Por causa da diversidade dos contextos comunicativos,[2] do quanto a comunicação está ligada a eles e da pluralidade de recursos de comunicação oferecidos pela língua, podemos dizer que não existe uma l í n g u a. Existem l í n g u a s. Não existe português, e sim portugueses. E por causa dessas muitas variações, que até o momento enxergamos de forma superficial e equivocada como algo homogêneo no qual as variações são desvios de um padrão único desejado, podemos não estar cometendo um erro, mas talvez apenas levando a identidade de um lugar ou contexto para outro. Serão sempre palavras e frases, ditas e escritas, da língua portuguesa, mas são tantos os contextos de uso, e o contexto está de tal forma unido à comunicação, que continuar entendendo todos os contextos como sendo obrigados aos mesmos recursos é igual a usar uma camisa de força, conceitual, formal, mas de força. Na diversidade é preciso flexibilizar. No caso dos contextos comunicativos não é diferente. Deve-se levar em conta o contexto em que se fala para só então pensar em *certo ou errado*, que de fato é melhor indicado como *adequado ou inadequado ao contexto*. E quanto a usos errados de uma palavra ou padrão verbal, por exemplo, o que hoje é o correto e aceito muitas vezes se trata de uma transformação do que antes era tido como errado e deformante de um padrão anterior.[3] As palavras e as línguas, como tudo o mais que há, estão em constante mudança. Nossa visão focada sobre o momento gera essa compreensão de erro porque não vemos, como se diz em inglês, *the big picture* (o quadro completo, a imagem em sua amplitude). E, quando falamos em idiomas, são necessárias dezenas e às vezes centenas de anos para que o processo de uma mudança se complete.

---

[2] Veja **A comunicação faz sentido em um contexto, p. 28.**

[3] Sem pensar em certo ou errado, mas em transformação: a própria palavra "você" antes era "vossa mercê" (vossa graça), depois "vosmecê", passando por outras formas. Hoje todos já ouvimos em algum momento alguém dizer "cê".

O A GRAMÁTICA INTUITIVA VAI AJUDAR A PASSAR EM CONCURSOS?

A GI vai fazer você entender melhor a gramática exigida nos concursos, funcionando como uma ponte cognitiva, ou seja, um meio para decodificar a gramática normativa, tradicional, com mais propriedade e clareza. Vai ajudar, ainda, você e qualquer outro falante de português brasileiro a tomar posse do que é seu: sua expressão. Não olhamos para o detalhe das regras, e sim para o conjunto das construções da língua. Usando uma metáfora, não olhamos para a fotografia, e sim para o filme. Então, **diretamente** a GI vai ajudar você a entender – e até mesmo poder criticar – muito daquilo que é exigido nos concursos.

Atente para os boxes que iniciam com a expressão "O que é...?" – neles estão decodificados de forma muito simples os termos da gramática tradicional cujo conhecimento e cujo funcionamento são testados em concursos.

Aqui, enfim, você tem acesso a compreender como muitas regras funcionam. De posse dessa compreensão e consciência, você estará muito mais habilitado a ser testado com sucesso.

Menos preocupados com regras estritas sobre onde ou como inserir uma palavra na frase para que seja considerada certa segundo os padrões ou parâmetros da gramática tradicional ou normativa,[4] nossa preocupação é com a compreensão e a escolha das palavras, a forma de organizá-las, e a expressividade da frase. Em vez de impor uma forma com a qual devemos nos expressar, somos levados aqui a descobrir mecanismos que podem revelar outras formas de dizer a mesma coisa,[5]

[4] Por curiosidade, veja como podemos ser absolutamente corretos e absolutamente vazios ao navegar nos resultados de uma pesquisa Google com as palavras "falar muito dizer nada".

[5] Veja, ao final do livro, **Síntese da Gramática Intuitiva.**

favorecendo a precisão da expressão de forma global. Com base na compreensão simples, intuitiva do que fazemos para nos comunicar verbalmente, podemos ampliar nossos recursos de expressão.

○ A GRAMÁTICA NORMATIVA E A CONSCIÊNCIA DA LÍNGUA

A existência de uma gramática normativa e de obras com regras que determinam usos "corretos" não é, evidentemente, um problema em si. O problema é tratar o uso dessas obras como o único caminho seguro de conhecimento do idioma, renunciando à capacidade que temos como seus usuários, desprezando nosso conhecimento intuitivo, e acreditando que o ato de comunicar-se bem está necessariamente ligado ao conhecimento da gramática dos livros, ou normativa. Por outro lado, é indiscutível que quanto maior nossa compreensão do funcionamento de qualquer coisa – e a língua que usamos ou queremos usar não é exceção a isso – tanto maior o controle que obteremos sobre sua utilização. Em outras palavras, se entendermos como a língua funciona – mesmo por meio da gramática normativa e suas regras –, ficaremos mais donos da nossa comunicação.

Mas, ao contrário do que pensa a maioria, entender como a língua funciona não significa necessariamente dominar a gramática normativa. Para usar uma imagem muito precisa empregada por Marcos Bagno, um linguista que vem publicando obras desmistificadoras e promotoras da muito bem-vinda noção do português brasileiro:

> "Enquanto a língua, com todos os seus processos e dimensões, sua gramática natural e seus traços morfológicos [de formação das palavras], sintáticos [de organização interna das frases], fonéticos [dos sons que nós produzimos quando falamos] e fonológicos [dos sons e de sua relação em cada língua], pode ser comparada a um rio, a gramática normativa se assemelha a uma poça, com toda a estagnação a que uma poça tem direito"[6] [são minhas as explicações entre parênteses].

[6] BAGNO, Marcos. *Preconceito linguístico: o que é, como se faz*. São Paulo: Loyola, 1999.

Existe algo de genial no nosso conhecimento do idioma que nascemos falando: nossa intuição da língua. Usando-a, trabalhamos a compreensão de dentro para fora, o que garante um domínio sólido do que produzimos para nos comunicar verbalmente. Usando-a, estamos lançando mão do que já sabemos e, portanto, não temos como não reconhecer ou fingir não saber. Por isso, chamo a esse trabalho Consciência da Língua.

Como estamos tratando de intuição, estamos mais apreciando e explorando do que propriamente determinando. Seria um contrassenso falar em conhecimento intuitivo da língua e já sair estabelecendo regras. É por isso que todo esse trabalho deve ser entendido como um estímulo para tratar o próprio idioma de uma forma mais íntima e criativa, menos fria e distante.

○ COMO ABORDAR A CONSCIÊNCIA DA LÍNGUA?

O trabalho de consciência da língua é feito com a aplicação de uma técnica denominada **Ferramenta de Perguntas**, usada aqui para explorar nossa intuição. Usando-a, exploramos e ampliamos nossa consciência linguística com uma linguagem simples e direta, apoiada em um saber que temos apenas de trazer para um plano consciente, pois já está em nós.

Muito do que é proposto neste livro se apoia na compreensão de que, como falantes nativos, ou seja, que nascem falando a língua, existem jeitos de se comunicar que nos soam naturais e que, de um modo geral, nos saem naturalmente. Com base nessa percepção, é provável que os resultados de um empenho para aperfeiçoar nossa comunicação verbal sejam melhores se colocarmos nosso foco não no nível do uso de palavras, expressões e construções consideradas certas ou erradas pela gramática normativa, mas no nível da organização, clareza e precisão descritiva com que expressamos nossas ideias.

○ A TÉCNICA A NOSSO SERVIÇO E NÃO NÓS A SERVIÇO DA TÉCNICA – COMO VER A FERRAMENTA DE PERGUNTAS

Este livro não serve à técnica, ou seja, seu objetivo não é discorrer sobre a Ferramenta de Perguntas, provar que ela é infalível, perfeita, e sim colocá-la para funcionar como um recurso de análise, que por sua vez deve servir como um meio de reapropriação do conhecimento da língua (que temos e não sabemos). O foco é a utilidade da Ferramenta de Perguntas na grande maioria dos casos em que queremos escrever mais claramente, por exemplo, ou entender uma construção complexa. Apresento atalhos e simplifico abordagens para facilitar ao maior número possível de pessoas a compreensão do funcionamento da própria língua como uma ponte para apoderar-se dela e abandonar essa ideia generalizada de ignorância nessa área.

As línguas são humanas, é um fato. E como acontece com tudo o que é humano, sempre existem eventos únicos, que não se prestam facilmente à inclusão em alguma regra. Assim, procure ver a Ferramenta de Perguntas como um recurso a mais na amplitude de recursos e técnicas disponíveis na vastidão do uso da palavra.

No nosso caso brasileiro, sobretudo, penso que a Ferramenta de Perguntas, acessível como é, consiste em um recurso especialmente necessário, com efeito semelhante ao do salva-vidas para o náufrago que seguiu as regras de segurança da embarcação. Pois, assim como o colete que o faz boiar, a Ferramenta de Perguntas já está disponível para nosso uso. As perguntas – chave do trabalho desta Gramática Intuitiva – são parte da nossa comunicação cotidiana.

Neste mar de sentidos e comunicações em que nadamos, nosso idioma nacional, estamos em meio a grandes transformações. São transformações internas importantes, socioeconômicas, e relacionadas também a um maior destaque mundial. Paralelamente, no que se refere ao nosso autoconceito como falantes de português brasileiro, deparamos com a inconsistência de uma gramática normativa que está muito distante dos seus falantes, somada ao preconceito com os usos considerados errados do idioma. Nossa baixa autoestima linguística materializa um sentimento de impotência em relação à língua que falamos. Essa relação que vimos nutrindo com nossa língua caminha na direção oposta do nosso momento, nacional e mundial. Não combina! Se nossa língua é nosso meio de expressão e elaboração de tudo que somos, de tudo em que nos tornamos, precisamos dela como um recurso acessível, amigável, e não como fonte de impotência e sentimento de inferioridade.

○ DE ONDE VEM A GRAMÁTICA INTUITIVA?

Quando o leitor se familiarizar com os recursos de análise usados neste livro, imagino que se verá, como eu, em dificuldade para determinar uma origem para a Gramática Intuitiva. A intuição é um conhecimento direto, cujo reconhecimento deve ser evidente. Lembro que "evidente" é aquilo que atrai atenção e não deixa dúvida. Portanto a Gramática Intuitiva, no mínimo, já existe. É usada o tempo inteiro como um recurso embutido em nossa capacidade de formar frases e de nos comunicar. O que nos faz falar dela como algo novo é simplesmente o fato de não ter sido ela até o momento explicitada e tratada da forma como o é aqui. Tampouco foi explorada a finalidade aqui proposta, que é a de esclarecer a formação das frases e até mesmo das palavras e sua organização como parte de um sistema orgânico que comunica, que é a língua, e que contém os recursos necessários à própria análise, sendo portanto *recursos acessíveis a qualquer um de seus usuários.*

A Gramática Intuitiva é, assim, aquele conhecimento que todos temos da língua que falamos. Trata-se de um conhecimento que independe de regras externas, impostas. Na condição de falantes que desde que nasceram usam o português brasileiro, todas as regras de que precisamos para uma comunicação eficaz[7] encontram-se dentro de nós, em pleno funcionamento e plena aplicação a cada frase, a cada fala. Ninguém vai dizer "dizer vai ninguém" ou outra estranha ordem de termos ou combinação de palavras sem sentido. Esse conhecimento é, em si, uma riqueza insuspeitada, um código disponível para nós, compartilhado por todos nós. Claro, essa disponibilidade natural de recursos não exclui nem dispensa os esforços para melhorar, em todos os aspectos. Mas sem a consciência do que já temos acabamos por gerar miopia para avanços e desenvolvimentos necessários em nosso uso da palavra.

No capítulo **O que é a Gramática Intuitiva**, o leitor verá na prática, por meio das Vivências da Língua, como funciona essa disponibilidade natural de recursos.

---

[7] É importante esclarecer o sentido de "eficaz", tomado aqui da área de gestão, e que consiste em ser "capaz de entregar o resultado". Aplicado ao que estamos tratando, significa "capaz de comunicar com sucesso".

O QUE CRENÇAS TEMOS A RESPEITO DE NOSSO CONHECIMENTO DE PORTUGUÊS?

Existem coisas que crescemos ouvindo e que por isso aprendemos a repetir e a aceitar como verdade. Isso acontece em vários níveis e com tal intensidade que molda nossa visão de mundo, restringindo-a. Também reafirma um padrão cujo uso e sobretudo cuja utilidade nunca questionamos, criticamos ou analisamos à luz das nossas necessidades presentes.

Conheço uma história que ilustra muito bem esse comportamento. Serve para exemplificar o que vamos ver a seguir, com relação aos mitos que alimentamos sobre o conhecimento que temos – ou que não temos – da nossa língua.

Conta-se que Eric Berne, criador da Análise Transacional, portanto alguém interessado em entender nossos padrões de pensamento, recebeu um convite para jantar na casa de uma paciente. Na hora da mesa, o prato servido foi peixe. Veio em uma travessa bem decorada, mas, embora a travessa fosse grande o suficiente, o peixe veio cortado ao meio. Eric Berne perguntou o porquê, e a paciente disse que sua mãe sempre servira peixe assim, cortado ao meio. Intrigado, ele quis saber se poderiam ir até a mãe da paciente e fazer a mesma pergunta. Feito isso, receberam uma resposta ainda mais intrigante. Pois a mãe tampouco sabia a razão de servir o peixe cortado ao meio, tendo respondido que a mãe dela, portanto a avó da paciente, também sempre fizera assim. Foram consultar a avó, e esta simplesmente respondeu que sempre cortava o peixe porque a travessa que tinha para assar era muito pequena.

Em muitos aspectos da nossa vida adotamos como fatos estabelecidos o que não passou de circunstância. Se quisermos realmente nos desenvolver, seja na área que for, precisamos tomar consciência desse mecanismo e evitá-lo. Com o conhecimento intuitivo da nossa língua não será diferente. Vamos em seguida analisar algumas crenças sobre o que sabemos e o que não sabemos da língua falada no Brasil.

Para a análise, precisamos ter em mente que nutrimos uma tradição de distanciamento entre a língua falada e as normas da "língua correta", principalmente na sua forma escrita. Assim, acabamos achando que só "sabem" realmente aqueles poucos que reivindicam ter as chaves da boa comunicação. E como subproduto dessas crenças, se o que produzimos como linguagem está errado, desde a hora em que a comunicação acontece, assim, por natureza, a língua que falamos "não pode mesmo ter qualquer valor". E nem quando está certo, "porque pode ser que não esteja, não é?". Afinal, a insegurança anda de mãos dadas com essa noção de que "ninguém sabe português". E assim **acreditamos que usamos nossa língua não como nossa, mas como algo emprestado, que deturpamos e corrompemos. Um Frankenstein de sílabas fadado a vagar, sem alma, pelo território nacional.** Não precisa ser assim e, de fato, na prática não é assim. Às crenças.

"Não sei português."

Quantas vezes escutamos isso? Foi exatamente essa afirmação que me motivou a escrever este livro.

Como já mencionei, no meu envolvimento com o ensino-aprendizagem de línguas estrangeiras, comecei a perceber que as maiores dificuldades para compreender a nova língua já aconteciam por desconhecermos o funcionamento da língua em português. Trata-se de uma inconsciência. Por causa de um passado escolar com o estudo de regras em grande parte desconexas de nossa realidade, temos uma dificuldade básica com isso. Estamos quase todos de uma ou outra forma tradicionalmente desconectados do idioma que falamos. Isso nos tira a chance de assumir *poder sobre a nossa comunicação.*

Para reagir à crença do "Não sei português" costumo pensar: "mas não pode ser, como é possível tanta gente negar que sabe a língua que fala?!". É uma generalização destrutiva, que acaba – com muita competência inclusive – criando uma sensação de impotência. Veja: para mim – e para você, mesmo que não tenha pensado sobre isso – a linguagem é o mundo. Afinal, construímos o mundo com a articulação da linguagem. Eu, particularmente por causa do meu trabalho e interesse, construí minha vida e meu sustento pensando e falando sobre a língua.

Mas suponha que você não viva de trabalhar com idiomas. Você é um usuário da língua portuguesa falada no Brasil, o português brasileiro, um nome bem-vindo. Digo que é bem-vindo pela diferença formal que apresenta em relação ao português de Portugal, e também por razões culturais e até mesmo de nossa autoestima. Ao nos darmos conta da diferença de usos e características em um e outro caso, fica claro que não estamos falando exatamente da mesma coisa, e por isso talvez até precisemos mesmo desse outro nome. E isso não seria assim tão descabido, se pensarmos em outras situações parecidas:

"O linguista indiano Kanavillil Rajagopolan, que trabalha há muitos anos no Brasil, diz que o "português" e o "brasileiro" têm mais diferenças entre si do que o hindi (falado na Índia) e o urdu (falado no Paquistão), que no entanto são reconhecidos politicamente como línguas diferentes" (BAGNO, 2002, p. 167).[8]

Ao reconhecermos as diferenças e podermos aceitar que somos diferentes, ou aceitar nossa individualidade linguística, nossa identidade separada, não menos válida, nosso objetivo é trabalhar a favor da nossa autoestima como falantes, gente que se expressa com propriedade comunicativa.

Sendo um usuário da língua, um falante nativo, é impossível – i m p o s s í v e l – que você não saiba essa língua. Pode ser que você desconheça certas regras que se aplicam a um determinado uso, destinado a determinado contexto e orientado por obras normativas, ou seja, que declaram o que é certo ou errado, que ditam *normas* para se comunicar em contextos especiais. Afinal, em casa, escovando os dentes, por exemplo, não nos preocupamos com a posição dos pronomes, certo? Nossa comunicação não é menos clara por isso.

Ainda é preciso acrescentar que, investigando um pouco esse tema, quando buscamos a regra que queremos que seja unânime e salvadora, começamos a deparar com inconsistências nas fontes de consulta. *De certa forma, no detalhe*, parece que ninguém sabe, mesmo, definitivamente, o que é certo e o que é errado. Existe uma literatura crítica importante acerca dessas normas não unânimes. Alguns exemplos:

1. verbos classificados como intransitivos, que por definição dispensam um objeto têm usos transitivos (têm objetos), sim: me ocorre aquela pergunta clássica que fazemos quando somos informados de que alguém saiu de um emprego: "saiu

[8] BAGNO, Marcos. *Português ou brasileiro? Um convite à pesquisa*, 3. ed. São Paulo: Parábola Editorial, 2002.

ou foi saído"? *Sair* não tem objeto, mas ao dizer *foi saído*, ao empregar "sair" na voz passiva, estamos assumindo que *alguém saiu alguém* (caso contrário ninguém *seria saído*, certo?) e que esse segundo *alguém* é objeto de "sair". O mesmo ocorre com *ir*, quando alguém comenta, por exemplo, que um "tal lugar não é ível", ou seja, "não dá para ir ali". *Ir* + *-ível* é uma grande mistura (!) que não pedimos licença para usar, que vai contra todas as "leis" – pelo mesmo motivo de que não se pode fazer voz passiva com *sair* – e no entanto comunica sintética e competentemente o que desejamos dizer. Acontece que o final -ível significa, genericamente, "que pode ser + verbo em que ele aparece". Assim, *decifrável*, "que pode ser decifrado", *respeitável*, "que pode/deve ser respeitado", e assim por diante. Podemos dizer que a maioria dos usos desses verbos é intransitiva, mas não podemos adivinhar todos os usos dos verbos, feitos e por fazer, dando a eles esse rótulo permanente (como aliás fazemos em várias outras áreas de nossas vidas). **Precisamos olhar para nossa comunicação de forma aberta, em processo.** As regras têm seu lugar, mas esse lugar não é um trono. Se houver trono, será ocupado por nós, os usuários da língua, em nossas diferentes comunidades.

2. adjetivos usados no lugar de advérbios e vice-versa funcionam, ora: Dirija mais rápido (rápido = adjetivo, deveria ser rapidamente, mas quem quer se estender com esse *-mente*, ainda mais se está com pressa?). Um amigo observou certa vez que, numa cidade no interior do Rio Grande do Sul, o pessoal tinha uma gíria assim: "Fulano de Tal é altamente". E como só temos um substantivo e o verbo *ser* na frase, *altamente*, que é advérbio, acaba servindo de adjetivo, indicando como fulano é... Parece que "ser altamente" era algo altamente positivo.

As classificações adotadas como definições são um problema, porque levam a crer que aquilo que é classificado sempre se apresentará apenas da forma como é classificado. Porém, como fica facilmente demonstrado, o uso das palavras é dinâmico...

"Ninguém sabe português."

Se em uma comunidade falante de uma língua determinada se considera que ninguém fale essa mesma língua, então é porque, de fato, o significado do que é "falar uma língua" não está claro. Ou seja, aquilo que é entendido como sendo a língua da comunidade não é o que se pensa ser. Trata-se apenas de uma questão de atualização e esclarecimento para que se veja que falamos, sim, a língua que falamos.

Faz tempo que se fala em revisar – e se revisa – o ensino de português na escola, e existem trabalhos acadêmicos consistentes bem como esforços múltiplos em publicações e iniciativas de ensino de português adaptadas a essa necessidade e explorando-a.

Acredito que seja realmente verdade que ninguém ou quase ninguém fale o português das regras, mas isso não é de grande consequência. Dizer que "ninguém fala português" só é ruim pela crença das pessoas que ainda não se deram conta de que a comunidade de falantes do Brasil já reivindica, pelo caminho do parto natural de qualquer língua, a sua própria.

"Todo mundo fala errado."

Claro, se ninguém sabe... todo mundo fala errado. Li uma vez, há muito tempo, em uma crônica do Luiz Fernando Veríssimo: segundo parâmetros do "português correto" é errado dizer que se "fala errado", porque segundo tais padrões "errado" é um adjetivo e não pode ser dito junto com o verbo "falar". Ou seja, deveríamos dizer "falar erradamente", usando o advérbio. No Houaiss (2009), no VOLP – Academia Brasileira de Letras (2009) e no Aurélio (2009), "errado" ainda consta apenas como adjetivo. Os processos de adoção de padrões antigos modificados para que sejam os padrões vigentes, aceitos, leva tempo.

Nessa força criativa natural da língua, que se coloca e flui independentemente de classificações dos dicionários e gramáticas normativas, é sempre bom lembrar que a fala pertence a um universo do qual a escrita é uma parte menor. Não porque a escrita possa ter menos importância, mas porque ela vem depois. As palavras e construções da língua descem para o papel, e o dicionário e a gramática são papel (conceitualmente e de fato), depois de transitarem por tantas falas quantas forem necessárias para que seus usos sejam naturais e eleitos pela comunidade. Claro, existe todo um julgamento do que cabe e do que não cabe usar em determinado contexto, mas o registro escrito é posterior por definição.

"Todo mundo escreve errado."

No caso da escrita, o contexto – e o preconceito – falam ainda mais alto, muito provavelmente porque mensagens escritas podem ser lidas tantas vezes quantas se quiser; não se perdem no momento em que são usadas, como as palavras pronunciadas. Assim, aprendemos a dar mais importância, a ter mais preocupação com o que escrevemos. Isso sem mencionar quem nos lê. Queremos mostrar erudição, conhecimento, habilidade, e impressionar através da palavra. Para tanto é preciso *escrever certo*. Aqui é costume o velho jogo de lançar mão de usos do idioma que vão nos colocar *entre os que sabem*. Ocorre que o grupo *dos que sabem* é tão inferior em número que é preciso ou relativizar esse saber ou assumir que muitas das regras são caducas. E que com frequência topamos com textos confusos e com pobreza vocabular. Toda essa consciência é necessária para que a mudança possa acontecer.

"Ninguém escreve direito" é, portanto, uma afirmação sem saída, uma vez que "direito" é composto por leis não claras, difusas, mas principalmente distantes, cuja certeza se perde à velocidade com que nossa língua, dinâmica e pulsante, se afirma.

Existe uma diferença gigantesca entre "não escrever direito" e não escrever com clareza, com ordem, com consistência, com sentido e boa e expressiva escolha de palavras. Enquanto a primeira ação é um julgamento apressado, nascido da suposição equivocada de que certo é estar de acordo com regras que podem ter caducado, ou que são distantes da linguagem do cotidiano, é fato inegável que a última – não escrever com clareza, com ordem, com consistência, concatenação de ideias e propriedade vocabular, ou escolha adequada de palavras – se verifica com muito mais frequência do que se gostaria. É preciso esclarecer, enfim, que escrever bem não se mede pelo uso de estruturas e palavras complexas, como muitos creem. **Escrever bem é tornar nossa expressão tão eloquente e significativa que ela possa gerar no leitor uma experiência de compreensão o mais concreta possível.** Assim, pode ser uma mensagem muito simples, que pode até mesmo prescindir de qualquer erudição.

Os maus textos, tão frequentes, têm relação muito mais com a falta de insumos, de contato com conteúdos – textos, histórias, artigos, livros, comunicação abundante nas mais diversas formas! – para a produção de bons textos do que com não dominar regras listadas em gramáticas normativas. Por exemplo, se nossa comunicação fosse representada por um desenho colorido, os insumos seriam a quantidade ou a qualidade dos lápis de cor que teríamos a nossa disposição. Esse é um ponto crucial. E parece que não é muito claro para a maioria. Quanto menos se lê, quanto menor a entrada de comunicação diversificada, menos recursos haverá para escrever expressivamente. É a velha noção de sistema, em que é preciso uma entrada – de dados, de informação, de conteúdo – um processamento, e uma saída. Se nada ou muito pouco entrar, o que vai sair?

E a relação de quase aversão que muitas pessoas têm com a produção de textos está, a meu ver, relacionada com experiências ruins, traumatizantes, nos tempos da escola. Esse fato também é um dos alicerces da crença de que "todo mundo escreve errado".

"(Não) Inicie seus parágrafos com 'como', disse a professora de português."

Para ilustrar meu ponto de vista, relato dois fatos representativos do que quero dizer quando o assunto é trauma escolar × "saber português". Acredito que, se você puxar um pouco pela memória, vai conseguir recordar pelo menos um fato semelhante ao que vou relatar. Se não conseguir, considere-se um(a) felizardo(a) (ou pode ser que tenham ocorrido tantos fatos assim – ou que tenham sido tão dolorosos – que você achou por bem dar um jeito de esquecer para sempre!).

Eu estava no que hoje equivale ao 1º ano do ensino médio. Eu já redigia alguns textos longos, dentre eles as famosas composições. Fiz uma da qual fiquei particularmente orgulhosa. Entreguei. O manuscrito voltou com uns riscos vermelhos exagerados, desenhados por cima das minhas letras, e tinha uma anotação, também em vermelho e também desnecessariamente grande, informando que eu não podia iniciar (e tinha iniciado!) um parágrafo com a palavra "como". A explicação do porquê era apenas esta: não podia e pronto. Aquilo me aturdiu, porque eu tinha gostado do texto, e não via – não conseguia ver – absolutamente nada de errado com o tal parágrafo iniciado com "como". O mais problemático, porém, foi a autoridade de uma professora – e uma professora autoritária – me apresentando uma proibição sem lógica. Fiquei por um bom tempo desconfiando do meu jeito de escrever e achando que, de um modo misterioso e incorrigível, estaria escrevendo textos ruins. Passei anos sem iniciar parágrafos com "como".

Como(!) mencionei antes, acredito que experiências assim são muito comuns. E além de muito comuns, costumam minar de várias formas nossa segurança. Veja uma outra história.

Ao comentar comigo o quanto gostaria de escrever mais e com mais frequência, e o quanto esse seu desejo permanecia insatisfeito, uma amiga me falou de um concurso que houve em sua escola, anos antes, e do qual ela participou. Foi assim: os alunos deveriam escrever um texto literário e com ele estariam concorrendo a um prêmio. Ela escreveu o seu com dedicação. Muito provavelmente, como não pode deixar de ser quando a gente produz alguma coisa em que é fácil imprimir nossa marca pessoal, o texto final ficou do jeito dela. Na hora de informar o resultado do concurso, o professor falou sobre o texto vencedor, e depois pegou um outro (o dela) e disse: "Este aqui está muito bem escrito; pena que não seja nem conto, nem crônica, nem nada. Por isso não ganhou." Zás. Mais um coração redator partido, apenas porque não se enquadrou em um gênero!

Uma vez que não são críticas fundamentadas em algo em que possamos nos apoiar para melhorar, esses poucos exemplos da abundante desconstrução escolar de nossa autoestima mais do que explicam o motivo por que muitos de nós fugimos das tarefas escritas pela vida afora.

"Atingimento não existe."

Não está em muitos dicionários, pelo menos. Mas eu já vi e já usei a palavra "atingimento" algumas vezes. E já vi outros usarem.

O mito está em ir ao dicionário para buscar não o significado das palavras que não (re)conhecemos, mas a permissão legal para usar essas palavras. É claro que o contexto da minha comunicação me diz quanta liberdade posso ter para escolher que palavra usar, mas até mesmo isso – esse cuidado com usar o que existe e o que não existe, quando temos as condições (ou seja, a liberdade e o contexto) para fazer a palavra que acharmos necessária passar a existir, respeitando os limites de interpretação do interlocutor – até mesmo isso é fruto da organização de poder estabelecida por nossa maneira de encarar nosso conhecimento da língua.

Com essa consideração, que pode ser extrema para muitos, quero chamar a atenção para o fato de que as palavras vão para os dicionários *depois* de terem sido criadas e usadas com certa frequência. Como seria a criação de palavras se não assim? Com uma turma de eruditos a darem a palavra final sobre o que é lícito dizer? Ao mesmo tempo que o fato fala por si, parece que o falante que apenas usa o idioma e nunca buscou conhecer seus mecanismos dificilmente pensa sobre isso. Mas é uma reflexão fundamental para quem quer ser dono do seu nariz, que em muitos casos é o mesmo que ser dono de sua palavra.

2 LINGUÍSTICA

O ESTUDO DA LÍNGUA ANTES E DEPOIS DA LINGUÍSTICA

É importante nos situarmos, mesmo que de forma resumida, em relação à forma como o conhecimento da língua foi tratado ao longo do tempo. Inicialmente, conhecer a língua era apenas saber usá-la. Só que isso foi no início mesmo, no tempo dos gregos, através dos estudos de retórica, a arte do discurso, a arte de informar e persuadir. A partir desses estudos iniciais foram sendo estabelecidos padrões para o que seriam a fala e a escrita correta. E esses padrões passaram a se tornar desejáveis e dignos de ser copiados.

Porque o grego e o latim eram os idiomas de registro oficial e de estudo até a Renascença, quase todas as regras da gramática normativa de uma língua moderna têm origem na estrutura e no "bom uso" dos padrões gregos e latinos. De certa forma, a gramática acabou sendo uma tentativa de repetir os padrões dos idiomas clássicos, o grego e o latim, tidos como perfeitos e imutáveis. Considerando o abismo que há entre línguas com e sem declinação,[9] e sendo os idiomas clássicos declinados, já temos aí uma explicação para pelo menos parte da antipatia que a gramática normativa costuma provocar nos estudantes de idiomas não clássicos.

E como ao longo da história pouca gente teve acesso aos clássicos, a visão que se manteve até o advento da linguística, de estudo científico da língua, era mais ou menos esta: escrever e falar corretamente era para os eruditos e estudiosos, para os eleitos enfim. Isso, sabemos, se mantém até hoje por meio de filtros sociais que se estabelecem pelo domínio, ou falta dele, de mais de um jeito de falar. A propósito, o nome técnico do "jeito de falar" é "registro". Leia mais a respeito no item **Formalidade × Informalidade**.

○ O QUE FAZ A LINGUÍSTICA, AFINAL?

Sempre me surpreendeu a distância que há entre a academia e o conhecimento das pessoas não estudiosas em geral. Ou seja, sempre me surpreendeu o fato de que, ao nos interessarmos um pouco mais sobre um assunto e ao investigarmos sobre ele, logo começamos a ter informações valiosas, reveladoras de um corpo inteiro de conhecimentos dos quais não tínhamos ideia. É comum essas informações entrarem em conflito com as crenças e visões populares. Mas tendo sido geradas dentro da reflexão e observação de caráter científico, ou seja, com experimentação e interpretação controlada de resultados dos experimentos, tais informações tendem a não deixar dúvida de seu rigor quanto à veracidade do que promovem. Existe uma margem de imprecisão para os achados científicos das ciências não exatas, por causa da validade dos paradigmas em que se inserem, mas essa é outra conversa. Para o que nos propomos entender aqui, de um modo geral podemos assumir que o método científico ou até mesmo tentativas honestas de reproduzi-lo, com os passos da observação, mensuração, experimentação, formulação, testagem e modificação de hipóteses, tenham uma vantagem sobre mitos e crenças populares.

---

[9] É a modificação de uma palavra para expressar, nela mesma, sua categoria gramatical, sua forma de participar no que faz o verbo, e/ou ainda seu gênero (masculino, feminino, em algumas línguas também neutro), número (um ou mais que um), dentre outros aspectos. Quando essa modificação ocorre no verbo, é chamada de conjugação; quando ocorre em substantivos e adjetivos, é denominada declinação. Não temos declinação em português.

A linguística e seus achados e hipóteses são um desses casos clássicos de distância entre a academia e os leigos, ou a ciência e o "conhecimento" popular. Pergunte às pessoas a sua volta qual o objeto de estudo da linguística, ou nem toque nesse nome. Apenas indague sobre o que se estuda quando se estuda uma língua. São poucas as pessoas que sabem. A maioria deve pensar que são estudadas as formas corretas da língua, a gramática normativa, o "correto" ou algo assim. Para nos situarmos melhor, a seguir está o que um dicionário diz sobre o assunto.

*Ou seja, dos sons de uma língua, da forma como são construídas suas palavras, da forma como as palavras se organizam em frases, do estudo dos significados das palavras, respectivamente. Nota da autora.

Linguística – ciência que tem por objeto: (1) a linguagem humana em seus aspectos fonético, morfológico, sintático, semântico,* social e psicológico; (2) as línguas consideradas como estrutura; (3) origem, desenvolvimento e evolução das línguas; (4) as divisões das línguas em grupos, por tipo de estrutura ou em famílias, segundo critérios tipológicos ou genéticos.

Fonte: *Dicionário eletrônico Houaiss da língua portuguesa* 3.0, Editora Objetiva, 2009.

Os primeiros passos na linguística vão mostrar que a língua é tornada legítima por seus falantes, que todas – ou quase todas – as normas e regras são *posteriores* ao uso, e que o estudo da língua fornece caminhos para revelar traços e fatos valiosos sobre as comunidades e as culturas.

Linguisticamente, uma afirmação como "ninguém sabe português" (no Brasil!) é algo sem sentido. Isso não quer dizer que não existam imprecisões, falta de clareza, pobreza comunicativa. Mas não resolvemos esses problemas estudando regras! Essa crença, de que conhecer o idioma é conhecer a regra, a linguística também desmistifica.

A linguística, sendo uma ciência, trouxe a compreensão de que é preciso analisar os fatos da língua como são, e não dizer como teriam de ser, portanto fora do habitual enquadramento certo × errado. A análise, para ser científica, tem de ser isenta de julgamento e envolver – ser válida para – todas as comunidades, eruditas ou não. À luz desse procedimento, a ideia do que é "correto" foi cada vez mais questionada, dando lugar à visão de que a língua rege a si mesma e não se sujeita facilmente a regras externas, totalizadoras, a não ser as que seus falantes optam por usar comunitariamente, mas aí não como regras, e sim como grandes tendências na comunicação que praticam, com identidade e domínio. Isso se constata independentemente do que queiram impor as gramáticas normativas.

A visão da linguística se manteve restrita aos meios acadêmicos e especializados, e ainda se mantém, em grande parte. Ocorre que, ao mesmo tempo que existem os estudos para entender a língua como ela é, as gramáticas normativas permanecem existindo. Isso não é um problema; desnecessário dizer, as gramáticas normativas têm seu lugar. Mas enquanto seus padrões estritos de certo e errado continuarem a orientar a maioria das pessoas, e principalmente, os currículos escolares e os conteúdos avaliados em concursos de forma estrita, o público leigo continuará a ter uma visão limitada – e limitante – do que é conhecer o próprio idioma.

○ A COMUNICAÇÃO FAZ SENTIDO EM UM CONTEXTO

O que rege a nossa comunicação é, em grande medida, o contexto em que nos comunicamos. O contexto é coadjuvante, participa no que estamos compreendendo e comunicando. Por contexto me refiro a vários aspectos da comunicação. Quem recebe e quem emite a mensagem, quem é seu receptor/emissor? Qual o entorno, os fatos principais e secundários da comunicação? Qual o tempo? Qual o espaço? O que aconteceu entre os falantes antes, e onde eles estão agora? O que se espera que vai acontecer e onde vão estar? Há uma série de condicionantes e determinantes do significado e da significação, que é a forma dinâmica do significado. Esses aspectos que condicionam e determinam têm papel tão importante na comunicação quanto o que é dito com as palavras. Porque as palavras não são usadas independentemente desses fatores; eles são parte delas.

A nossa escolha de palavras, expressões, as formas de organizar a frase, tudo isso está relacionado ainda com quem nos ouve, e com o que queremos dizer, tanto no nível daquilo que comunicamos concretamente como no nível do que fica dito nas entrelinhas, e muitas vezes – tantas vezes – a mensagem das entrelinhas é mais eloquente do que a das linhas.

Ninguém questiona que o contexto comunica. É como se, sabendo o contexto, soubéssemos também o que esperar da comunicação. Com o contexto, nos preparamos para o que vai ser informado, e ao fazermos isso "ajudamos" a informação a fazer sentido. Da mesma forma, é o contexto que nos diz o que é certo e o que é errado. Isso nos mostra que não existe um certo absoluto, nem um errado absoluto, para o conhecimento e o uso da língua materna. Depende do contexto.

Existe, porém, um corte importante, relacionado com a habilidade que estamos usando: de falar ou de escrever. A primeira grande diferenciação do contexto acontece nesse nível: da fala e da escrita. Feita essa ressalva, um ponto a insistir é o da importância do contexto para julgar o que é certo e o que é errado quando estamos tratando da nossa língua. De fato, como falantes nativos que somos, nosso foco deve estar nas nossas ideias e em quem vai tomar conhecimento delas por meio da nossa comunicação, e isso quem nos dá é o contexto. Se você pensar bem, considerar o contexto em que algo acontece para julgar adequação e relevância é algo que faz sentido quando estamos falando de tudo, e não apenas dos fatos da língua!

VIVÊNCIA 1

Leia as descrições dos contextos e assinale o que você julga inadequado ou pouco natural dizer em cada um:

Contexto: enterro, em conversa com a viúva do morto

( ) Mas que interessante que foi a morte do falecido, não?

( ) Pode contar comigo.

( ) Eu estava muito ansioso para chegar aqui e ver o morto!

Contexto: baile de carnaval, apresentando o recibo de consumação mínima para o garçom

( ) Nós temos a intenção de reivindicar o que nos é de direito.

( ) Traga uma aí, companheiro!

( ) Não vá deixar de trazer minha cerveja, hein!? Seu garçom safado!

Contexto: entrevista de emprego, descrevendo habilidades

( ) Eu sou um cara muito esperto, mesmo. Provavelmente mais esperto do que você.

( ) Não tenho dúvida de que tenho muito a contribuir.

( ) Ô, cara, tá na cara que sou eu o cara pra fazer funcionar essa espelunca!

Contexto: matéria sobre eleições em telejornal de veiculação nacional, horário nobre

( ) Tamu tudo aí isperanu us resultadu das eleição pra mó di sabê quem é qui vai sê eleito prefeito.

( ) Estão todos aqui aguardando ansiosamente os resultados do pleito eleitoral para conhecer o novo prefeito.

Contexto: armazém de cidade de 10 mil habitantes, na fronteira entre São Paulo e Minas Gerais; um frequentador do armazém comenta com outro sobre as eleições

( ) Tamu tudo aí isperanu us resultadu das eleição pra mó di sabê quem é qui vai sê eleito prefeito.

( ) Estamos todos aqui aguardando ansiosamente os resultados do pleito eleitoral para conhecer o novo prefeito.

Contexto: ponto de ônibus, centro de Belo Horizonte, transeunte aponta para ônibus que chega e pergunta a alguém parado no ponto (quem fala é belo-horizontino)

( ) Cê sá si es ons qui vai pra Savá?

( ) Você sabe se este ônibus aqui vai para o bairro Savassi?

COMENTÁRIO 1

Basta olhar para essas comunicações para se dar conta de como podem ser diversificados os contextos comunicativos. Observamos também como são válidas as comunicações dentro dos seus contextos, e inválidas, ou estranhas, as que estão fora dos seus contextos. É uma quantidade muito grande de casos, circunstâncias, *quadros*. O contexto dá a forma da comunicação e constitui uma área de investigação importante. Levar o contexto em consideração é um fator determinante para a qualidade da comunicação. É como se tivéssemos um caminho para a comunicação passar. Romper com a expectativa da comunicação adequada rompe também com a ocasião, e faz errar o caminho.

O foco do nosso trabalho é a consciência da língua, ou seja, o quanto podemos dominar conscientemente, se quisermos, o processo de formar nossas frases, nossas comunicações. Por isso o contexto nos interessa. Poder identificar sua diversidade e calibrar nossa comunicação conforme essa diversidade é um item natural de consciência da língua. Já fazemos isso, de um jeito ou de outro. Mas, com consciência, temos condições melhores de clareza, consistência, adequação. Com atenção e consciência nos diversos contextos que há, temos ainda mais recursos para decidir quando precisamos ser concisos, mais ou menos falantes, detalhados, secos, amigáveis, formais, informais, etc. **É verdade que se diz que nem todos os falantes conseguem, indiscriminadamente, alterar sua maneira de comunicar conforme o contexto. Mas também é verdade que quase ninguém tem em mente essa perspectiva – da relevância do contexto para o julgamento do certo e do errado no idioma. E, na prática, todos lançamos mão desse recurso, ainda que insconscientemente.** Por exemplo, um agricultor, portanto alguém do interior do estado, vem para a capital para tratar de questõs referentes a sua propriedade rural e pedir um empréstimo: mesmo sem qualquer consciência das questões de contexto ou registro, vai, naturalmente, modificar sua maneira de falar, porque ele "sente" o que soa e o que não soa bem naquela situação.

Por onde olharmos para uma frase, veremos uma relação de dependência entre suas partes: uma palavra ou conjunto de palavras está onde está, e é como é, por causa de outra(s). Assim, sempre que fazemos uma análise, precisamos manter a compreensão de que existe um todo que é completo, ao qual pertence a parte que analisamos e *onde ela faz sentido*. O contexto é integrante do todo. Ou seja, sempre nos expressamos dentro de um contexto e não existe expressão, entendida como uma manifestação comunicativa de e/ou para alguém, fora de um contexto. É dentro dele que a nossa expressão faz sentido.

Para concluir: contexto é o tempo – real, imaginário, implícito, ... – o lugar – real, imaginário, objetivo, subjetivo, implícito, ... – onde algo acontece – a comunicação – e também a maneira como acontece. **O contexto é a localização espacial, temporal e social da comunicação.**

E atenção: é sempre bom termos cuidado com o que pensamos ser o óbvio. Minha experiência com as palavras – e com a vida, na verdade – me mostra que é exatamente o óbvio ululante, aquele óbvio que jamais veríamos necessidade de explicar, que costuma precisar de explicação. Pois é ali que se escondem as maiores inconsciências, os maiores malentendidos.

O DESEMPENHO NA COMUNICAÇÃO

Em linguística se fala da língua e do uso que cada falante faz dela como duas coisas separadas. Nossa expressão é a forma como materializamos o conhecimento da língua. Cada um de nós tem um jeito mais ou menos próprio de usar as estruturas e as palavras que todos os falantes da língua entendem. É o nosso jeito de falar, algo que nos caracteriza e identifica. É interessante como são basicamente os mesmos os recursos para produzirmos as mensagens, e como conseguimos, com pequenas variações e acréscimos, imprimir nossa marca pessoal no que dissemos.

APTIDÃO PESSOAL

Todas pessoas que nascem falando a língua são naturalmente aptas a comunicar-se nela, a menos que apresentem alguma patologia. Uma gramática desconectada da nossa realidade comunicativa cotidiana pode minar a consciência dessa aptidão pessoal para lidar com a língua, afastando a maioria dos falantes da possibilidade de se sentirem donos e senhores da língua em que se exprimem.

Felizmente, mesmo aquele que tem – ou que acha que tem – pouca inclinação ou facilidade para línguas se comunica, fala e escreve em seu idioma materno com a complexidade e a profundidade que seu estudo, seu perfil social e cultural e sua atividade permitem. Ou seja, quando falamos da nossa língua materna, de certa maneira não existe o que não possa ser comunicado por nós. Simples ou complexo, damos um jeito de expressar, pois como falantes nativos temos todos os recursos necessários para isso. Isso quer dizer que o conhecimento intuitivo da língua está em todos nós que a falamos desde pequenos. Claro, para alguns o caminho até a consciência da língua – até enxergarmos a nossa intuição em funcionamento e fazermos escolhas – pode ser mais difícil. Mas aí estamos falando de diferenças e tendências pessoais, escolaridade, meio, mas não do conhecimento da língua, especificamente.

A PALAVRA FALADA E A ESCRITA

Temos de ter em mente a diferença que existe entre falar e escrever. Parece óbvio, e é: a palavra falada desaparece; a escrita fica. Por "ficar" entende-se que mais pessoas poderão receber a mensagem que ela traz. A palavra falada, contudo, está limitada para existir apenas no momento em que é proferida. Sim, tecnologicamente já faz algum tempo que não é bem assim. Desde a invenção do fonógrafo por Thomas Edison, em 1877, nos EUA, podemos registrar palavras faladas e guardá-las também. Mas o que são cento e poucos anos diante de uma tradição de milênios? E, comparativamente, a quantidade de palavras registradas para serem ouvidas de novo é infinitamente inferior às que são ditas cotidianamente, pelo mundo afora.

○ FORMALIDADE × INFORMALIDADE

Precisamos lembrar que as comunicações acontecem formal e informalmente. Dependendo do grau de intimidade/familiaridade do(s) nosso(s) interlocutor(es), das pessoas com que nos comunicamos, de onde somos, respeitamos mais ou menos o uso do "s" para marcar o plural, as conjugações e a escolha de palavras, por exemplo. Outros aspectos também são importantes. Alguns, embutidos na comunicação, como o tom de voz que pode ser amável, suave, grosseiro, alto, etc. e até a apresentação do meio onde a palavra é escrita. Em geral, papel: em branco, amassado, bilhete, impresso, etc. Nossos usos são diferentes porque temos formação e frequentamos meios sociais diversos, dentre outros aspectos. Mas o esforço na direção da formalidade é feito por todos os integrantes de todos os grupos sociais sempre que sentem necessidade disso, cada um usando o que tem para marcar essa formalidade.

Somos informais quando estamos à vontade. E vamos adotando a formalidade em escala crescente, quanto menos à vontade estivermos. Podemos fazer isso porque o ambiente ou a situação assim o exige, ou por uma preocupação com clareza e adequação. Um exemplo: um dirigente de uma nação faz um discurso na ONU. Seu discurso envolverá muitos interlocutores e terá importantes consequências políticas. Ele não usa gíria. Primeiro, porque a ONU é um lugar onde as pessoas se comunicam formalmente como uma marca, uma característica histórica, uma prática estabelecida. Depois, para não dificultar o trabalho dos tradutores e intérpretes, já que a gíria pode ter um uso apenas regional ou limitado no tempo.

○ VARIEDADE

Grupos sociais diversos e seus integrantes levam as suas palavras escritas e faladas até onde precisam para comunicar o que desejam. As combinações *grupo × contexto* são numerosas, ou seja, as formas que a comunicação assume são muito variadas.

Neste livro, o objetivo é o uso cotidiano do idioma, por isso não usamos exemplos literários para mostrar o funcionamento da língua. Apesar de importantes, eles geralmente não traduzem a língua do nosso dia a dia. Escrever contos, romances e poesias não é o que fazemos no nosso cotidiano comunicativo.

O PODER

A língua – seus usos como feitos pelos indivíduos e comunidades – representa uma hierarquia de poder. Todas as coisas que são ditas e escritas o são, claro, pela decisão de alguém de se comunicar. Aquilo que aceitamos simplesmente como o que deve ser dito, e aquilo que julgamos ao ouvir alguém com usos limitados ou com grande domínio da língua **não tem um valor em si; é o produto do nosso julgamento, com base em organizações de poder que estamos sustentando.** Essas organizações de poder são as crenças sobre quem sabe o quê, e que por isso "pode" mais ou menos, ou tem mais ou menos poder do que outros. Não temos qualquer compromisso de manter esse ou qualquer estado de coisas. Fazemos, o tempo todo, escolhas. Se optarmos por ignorar que há um julgamento de valor contido na nossa opinião sobre como os outros falam, estamos simplesmente fazendo a escolha de manter um estado de coisas e repetindo a escolha de outro(s). Não existe uma opção neutra. Em outras palavras, também (talvez até principalmente!) no nível da língua estamos carregados de preconceitos, quer estejamos conscientes disso ou não.

A LÍNGUA É DINÂMICA

A língua muda o tempo todo, pela óbvia razão (que até pode ficar obscurecida pela dimensão de sua obviedade) de que vivemos situações novas e diferentes a cada dia. Mesmo que seja tudo igual, por ser outro dia, já é diferente. E nessa dinâmica diária, temos uma relação de dependência mútua com nossa língua: com ela realizamos e construímos o relato da nossa vida, dia após dia, para nós e para os outros. Dependemos dela para viver, mas ela também depende da gente para existir e se manter. E assim como ao longo do tempo nós nascemos, vivemos e morremos, deixando filhos, parentes, gente muito parecida e também muito diferente de nós, a língua também tem seus semelhantes, consanguíneos, adotados e afins. A língua se transforma, e com o tempo assume características diferentes.

Até mesmo por causa dessa relação, fica evidente nosso equívoco em acreditar que praticamente um país inteiro "fala errado" sua própria língua. Já indicamos que estamos na verdade falando de não saber apenas determinadas regras, elas mesmas muitas vezes contraditórias. Essas regras são próprias de um determinado domínio e, portanto, representantes de um determinado poder. Sob essa ótica, torna-se claro que não podemos reduzir o assunto a um julgamento de certo ou errado.

Em outras palavras, e simplificando bastante para chegarmos à compreensão que nos interessa: se é uma prática de comunicação – uma escolha de palavras, de pronúncia, de construção de frases – que adotamos regularmente e regularmente entendemos, em comunidade, não é um erro; é uma prática que adotamos regularmente na comunidade em que vivemos. Simples assim. E mesmo um uso novo, se estiver claro em seu propósito de comunicar, novamente não será um erro, e sim um novo uso! Aqui vale um chamado à reflexão sobre por que as questões da língua, principalmente aquelas relacionadas a mudanças e inovação de um modo geral, causam tanta comoção. Feitas as ressalvas sobre as implicações de poder, de um lado, e inconsciência e preconceito, de outro, temos insumos para compreender essas reações exacerbadas como uma expressão de medo de mudar e das consequências da mudança. Isso me faz pensar em uma citação de Richard Bach, segundo a qual o que para a lagarta é o fim, para a borboleta é o início.[10] Teria a acrescentar que as borboletas têm, todas elas, vida breve sobre a Terra e que parece que não passam seu precioso tempo de vida chamando a atenção umas das outras sobre como devem movimentar suas asas. Elas polinizam. E morrem.

○ DE ONDE VÊM AS PALAVRAS? QUEM AS CRIA?

Como a humanidade concretiza sua comunicação? A partir da necessidade que tem de comunicar. Em meio a milhares de outros fatos das línguas, os que mencionamos a seguir mostram que, dentro de determinados limites e obedecendo a certos parâmetros, criamos as palavras de que precisamos para nos comunicar em nossa comunidade, cercados dos efeitos, fatos e até mesmo clima e topografia e influências diversas a que estamos expostos:

[10] No original: *What the caterpillar calls the end of the world the master calls a butterfly.*

- os inuítes (vulgarmente chamados de esquimós) têm mais de uma dezena de palavras para expressar "neve", com nuanças que escapam completamente a quem não convive com ela com a mesma frequência e intensidade que eles;
- nuu-chah-nulth, uma língua falada na costa oeste da ilha de Vancouver, no Canadá, tem palavras específicas, e em muitos casos bem diferentes entre si, para se referir ao salmão e para descrever atividades relacionadas à sua pesca, bem como para designar as partes desse peixe;
- em francês, o amor, *l'amour*, é sinônimo de sexo (de certa forma, em português também...);
- em sânscrito ou páli, a noção de amor se desdobra em muitas outras, que contêm e distinguem a natureza do sentimento – amor divino, amor filial, amor materno, amor fraterno, e assim por diante;
- em alemão, a palavra "desilusão", *Ernüchterung*, pode ter conotação positiva;
- em japonês, existem três palavras para dizer "casa", a nossa, a do nosso interlocutor hierarquicamente superior a nós e a quem devemos respeito, e a do outro, um igual a nós na hierarquia social. Esse tripé hierárquico se estende a níveis de complexidade bem definidos e muito além dos nossos recursos ocidentais para expressar polidez e respeito, como o emprego de "o Senhor", "Vossa Senhoria (por escrito), etc. Além disso, ainda existe uma "quarta língua" destituída de todos esses traços hierarquizantes, para usar em situações totalmente informais, como no convívio familiar, por exemplo;
- em persa, a expressão "vir a si" é dita da mesma forma que um termo usado para designar "Deus" (*hooda*);
- em servo-croata, idioma falado na Sérvia, Croácia, Bósnia e Montenegro, *nada*, dito assim desse mesmo jeito, quer dizer "esperança";
- *esposas*, em espanhol, são "algemas" em português.[11]

A lista de usos curiosos, criativos e engenhosos das palavras é muito extensa. Para finalizar e sublinhar a necessidade de termos um olhar mais flexível, algumas curiosidade adicionais: o simples ditongo "ai" que usamos em português

[11] O uso de algemas também implica "não separação"; não é necessariamente a conotação de "aprisionar", "manter cativo", como concluiríamos sem pesquisar.

para expressar dor quer dizer "eu" em inglês, "amor sensual" em japonês e "ovo" em alemão... Em alemão, a dor é expressa pela interjeição "au!". E mais: muitos dos "erros" que os gaúchos cometem em português, que são desvios da língua padrão, têm origem no espanhol, por sua vez correto.

Só raramente se pode creditar a criação de uma palavra a um indivíduo determinado, como ocorre com o vocábulo *cardápio*,[12] cunhado pelo filólogo Castro Lopes, no final do século XIX, para substituir o francês *menu*. E muitas são as palavras que, usadas dezenas ou centenas de anos atrás, caíram em desuso, tendo sido substituídas por outras. O que garante que essa substituição funcione, na maioria dos casos, é a criação das novas palavras usando os recursos que a língua nos oferece para isso. É como se a língua nos desse formas e dissesse: OK, o que quer que você queira expressar, nova palavra, palavra estrangeira, etc., tem de vir nestes formatos: usando este jeito X de formar sílabas, e essa maneira Y de pronunciá-las.

Temos os inícios e os finais de palavras, que permitem que façamos combinações diferentes. Veja o exemplo a seguir:

trabalh- ***nos informa alguma coisa, mas ainda não é bem uma palavra.***

Ninguém usa **trabalh-** sozinho. Usamos: *trabalho, retrabalho, trabalhão, trabalhador, trabalhismo, trabalhista, trabalheira, trabalhoso, trabalhável, trabalhado, trabalhar, trabalhei, trabalharam*... Todas essas palavras, quando usadas, ocupam um determinado lugar na frase. Por exemplo, para usarmos *trabalhoso*, precisamos nos referir ao que é assim, algo que tem essa característica: "um projeto trabalhoso", ou "uma tarefa trabalhosa".

E as quanto às palavras que não existem?, pode você perguntar. As palavras que não estão no dicionário? Talvez a única condição para que uma palavra passe a existir seja o fato de alguma comunidade – ou simplesmente algum falante – passar a usá-la. Pode ser uma criança que não sabe se pode ou não pode e simplesmente usa o idioma, ou qualquer um de nós. Se comunicou, existe, existiu, existiria... Se muitos usarem, por tempo suficiente, um dia estará no dicionário. Ou não.

---

[12] "Latim CHARTA, 'papel', aqui mais com o significado de 'lista', mais DAPS, 'banquete em honra dos deuses'." Fonte: www.origemdapalavra.com.br, verbete "cardápio".

Parte II

1 O QUE É A GRAMÁTICA INTUITIVA

Para entender a nossa Gramática Intuitiva, reuni algumas Vivências que têm como objetivo revelar o conhecimento que trazemos conosco e do qual de modo geral não estamos conscientes.

Ao longo deste capítulo e dos seguintes, que descrevem os conceitos básicos da Gramática Intuitiva, você vai observar que **existe uma relação entre nossos conhecimentos intuitivos da língua e aquilo que aprendemos sobre gramática na escola.** Essa relação não é sempre evidente ou necessária, mas ela esclarece, organiza e valoriza o que para muitos de nós foi, por muito tempo, um conteúdo sem utilidade prática. Mais adiante, quando virmos a relação entre a Gramática Intuitiva e a Normativa, da escola, e indicarmos suas semelhanças, teremos uma oportunidade renovada para usar nosso idioma com maior segurança e consciência.

A palavra-chave em todo o nosso trabalho é *consciência*: da língua, do papel das palavras e de como são compostas, e da forma como as empregamos.

O CONSCIÊNCIA DA LÍNGUA - AS LÍNGUAS SÃO CÓDIGOS

As línguas são ao mesmo tempo muitas coisas, e servem a muitos níveis de análise como um riquíssimo campo para investigar a natureza humana. Mas, em meio a toda a complexidade e diversidade de análise a que as línguas se prestam, podemos simplesmente compreendê-las como os códigos que elas, sem dúvida alguma, são.

Grosso modo, as coisas recebem nomes, os nomes são colocados em determinada ordem, e quem souber entender aqueles nomes, postos naquela determinada ordem, e souber produzir/interpretar os sons articulados que geram a representação daquelas coisas, na maneira de falar específica de determinada comunidade, entende o conteúdo da comunicação.

VIVÊNCIA 2

Observe alguns exemplos de comunicação em línguas diferentes, transliteradas (escritas em caracteres romanos) ou não, assinalando nas frases[13] a seguir as palavras conhecidas ou familiares a você.

1. La Municipalidad decidió retirar los colectivos por seguridad.
2. Namaewa Kurisuchina desu.
3. Les livres seront toujours utiles, on croit.
4. Estamos sempre aprendendo alguma coisa.
5. She attended a long lecture yesterday.

[13] Tradução das frases: 1. O município decidiu retirar os ônibus de circulação por (uma questão de) segurança. (espanhol) 2. Meu nome é Cristina. (japonês transliterado) 3. Os livros serão sempre úteis, acredita-se. (francês) 5. Ela assistiu a uma longa palestra ontem. (inglês).

COMENTÁRIO 2

- Na frase 1 há palavras familiares, algumas das quais, como "municipalidad" (município) e "colectivo" (ônibus), que não querem dizer exatamente o mesmo que em português, mas que, no contexto maior da notícia do jornal de que foram retiradas, provavelmente seriam compreendidas – se não exatamente pelo que significam, pelo menos de forma aproximada. O "código" espanhol, sobretudo escrito, é familiar para quem fala português.
- Na frase 2 não há, ao menos aparentemente, palavras familiares. Nem sombra disso. Contudo, a palavra "Kurisuchina" é a versão japonesa para o nome "Cristina". Devido à enorme diferença entre o português e o japonês, mesmo uma palavra familiar, como um nome próprio, acaba por ganhar uma aparência estranha. E uma fala simples, como "Meu nome é Cristina", não traz nada de conhecido. O "código" japonês só começa a fazer sentido depois de algum estudo.
- Na frase 3, em francês, há palavras que lembram palavras de português, o nosso "código" natural, como "livres", que apesar da semelhança com "livre" (relacionado a liberdade), significa "livros", e "utiles" (úteis).
- Na frase 4 estamos completamente à vontade, pois dominamos perfeitamente o código "português".
- Na frase 5, podemos ser enganados por palavras que parecem conhecidas mas não são, como "attend" (assistir) ou "lecture" (palestra).

As comunidades das diferentes culturas, falantes de diversas línguas, têm suas convenções, dão nomes diferentes às coisas e organizam esses nomes de maneira distinta.

Veja como se expressa o mesmo objeto, "cadeira", em outras línguas:

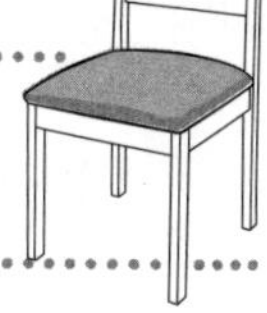

Stuhl (ale) – chair (ing) – chaise (fra) – silla (esp) –いす(jap)[14] – ...

[14] Pronuncia-se /*issu*/.

De alguma semelhança até semelhança nenhuma, um objeto do nosso dia a dia recebe nomes diversos entre si. Essa diversidade é tão ampla quanto podem ser os pontos de vista das pessoas, nas diferentes culturas a que pertencem e das quais compartilham. De certa forma, uma língua é um ponto de vista sobre a realidade, pois através das línguas a *realidade – que aqui é tudo que nos cerca e que tem um nome – é codificada e delimitada* de modos diferentes.

As línguas ou códigos linguísticos são *um instrumento utilizado para que exista a comunicação* dentro da realidade de cada comunidade. Na condição de código, as línguas têm peças, partes fundamentais. Para entendermos como elas funcionam, convém entender essas peças separadamente. Confira a Vivência 3, adiante, que serve para mostrar nossos conhecimentos intuitivos acerca dessas peças ou partes fundamentais.

2 CONHECIMENTOS INTUITIVOS

CONHECIMENTO INTUITIVO DE PRONÚNCIA

O ser humano é capaz de produzir determinados sons articulados (pronúncia da combinação de consoantes e vogais), que estão distribuídos entre as diversas línguas. De modo geral, se aprendermos a falar uma língua enquanto formos pequenos, não teremos dificuldade com os sons que são próprios a ela, a não ser que apresentemos alguma patologia.[15]

Nossos conhecimentos intuitivos de pronúncia são nossa capacidade de distinguir e interpretar os sons que se enquadram naquilo que nosso ouvido capta com condições de entender. Também é nossa capacidade de saber que sons cabem

[15] Se você tiver curiosidade sobre o assunto, recomendo: SILVA, Thaïs Cristófaro. *Fonética e fonologia do português*: Roteiro – de estudos e guia de exercícios. 9. ed. São Paulo: Contexto, 2007.

onde, em uma palavra. Por exemplo, a palavra televisão, que termina em "ão" não vai soar natural se for pronunciada "televisón", que é um sotaque com a influência de outro idioma.

Por falar em sotaque, o preconceito de que já falamos, que praticamos quando alguém simplesmente não fala como nós ou como achamos que é certo falar, ocorre com muita força com relação aos diferentes sotaques das diferentes regiões do Brasil (ocorre também em outros países, é muito comum e tem implicações sociais e culturais por vezes cruéis. Algo como um rótulo auditivo...). Este é mais um caso em que atribuímos valor a uma prática relacionada à comunicação verbal. Se a pessoa tem o sotaque tal, julgamos que ela "sabe das coisas" ou não, esperamos dela um comportamento, atribuímos a ela um valor.

Também quando falamos de sotaque, então, é preciso deixar claro que somos nós que criamos o preconceito. Em última análise, ao manter o julgamento de valor de um sotaque, fizemos, de forma consciente ou não, a escolha de sustentar o poder de uma comunidade de falantes da língua sobre outra (a do sotaque X sobre a do sotaque Y). Nós escolhemos achar ou continuar achando o que *alguéns* no passado acharam quando preferiram um sotaque a outro. Não existe, no sotaque, nada que indique ser ele mais ou menos indicado – o sotaque é mais um dado de uma região, como o tipo de alimentação, o clima e a forma de se vestir. Em si, é só isso.

A força do preconceito do sotaque só vem fortalecer o papel da linguagem em nossas vidas. Parece tão real que algum sotaque do interior indique uma forma acentuada de desconhecimento só porque não soa culto ou urbano! E parece tão real que uma pessoa culta saiba tantas coisas que nem se imagina por que ela fala "bonito"... Sabemos, com a experiência que a vida nos proporciona, que isso não é uma regra e muitas vezes sequer necessariamente uma tendência. Porque o conhecimento formal, culto, não é uma condição necessária do bom-senso. Podemos conhecer muitas coisas e agir injustamente, por exemplo. Podemos ser uma "enciclopédia ambulante", como se diz, e desprezar o próximo em sua "ignorância". Claro, o conhecimento amplo, o domínio de teorias, pode ajudar a desenvolver o bom-senso, mas não é parte integrante e necessária do pacote! Existem pessoas consideradas sem cultura que têm sabedoria. O contrário também é verdadeiro. Sobre a diferença entre conhecimento e sabedoria, compartilho um dizer muito expressivo com que me deparei recentemente: "Conhecimento é saber que tomate é fruta (ou fruto). Sabedoria é não usá-lo como ingrediente na salada de frutas."

Nossos julgamentos automáticos com base no sotaque devem servir para mostrar o quanto fazemos juízo de valor de características que em si não têm como ter valor algum. São formas de codificação, como vimos; nesse caso, codificação através de sons, falas. Nós é que as colocamos em uma escala de adequação ou inadequação, e essa escala corresponde a práticas e crenças sociais, as quais alimentamos e sustentamos. Como foi dito, se não escolhemos ter preconceito linguístico, mas mesmo assim o praticamos, estamos adotando escolhas que não são nossas, prestando serviços a sabe-se lá que esquema de poder. Para concluir, embora nosso foco neste livro seja o conhecimento intuitivo da língua, é sempre bom estarmos alertas para o preconceito que praticamos consciente ou inconscientemente com relação a diferentes sotaques.

1

O que são fonética e fonologia?

Do grego *phonetikós*, de *phonetós*, "que se pode dizer, dizível", relacionado a *phoneîn*, "falar claramente, dizer", derivado de *phoné*, "som, voz". A fonética é o estudo dos sons que os seres humanos produzem. A fonologia também tem a palavra *phoné* em sua composição e é o estudo de como os sons que produzimos se relacionam entre si. O estudo fonológico parte da fonética.

A fonética descreve os sons que produzimos como matéria sonora, por exemplo, os movimentos que fazemos envolvendo os órgãos da fala (língua, boca, dentes, lábios...) para produzir este ou aquele som.

A fonologia explica como os sons que produzimos se organizam em cada língua. Por que temos um som em uma língua e não o temos em outra. Exemplo conhecido de todos é o som do TH em inglês, que não está no sistema do português. Não temos no português brasileiro palavras que precisam ser pronunciadas posicionando a língua entre os dentes. Assim a fonologia é o estudo dos sons característicos de uma língua e da forma como se relacionam nas palavras e nas sílabas, de acordo com padrões identificados e portanto previsíveis naquela língua, uma vez que se trata de um sistema.

○ CONHECIMENTO INTUITIVO DE ESTRUTURA

VIVÊNCIA 3

Responda às questões, considerando a frase a seguir.
Lembre-se: estamos fazendo um experimento e essa é a primeira parte dele.

Javiflur amategos cadapiu.

1. *Javiflur* provavelmente é

( ) uma coisa ou uma pessoa ou um lugar

( ) um fazer – ocupa o mesmo lugar que *faço, fiz, fazem, fizeram*, ... – o que uma coisa ou uma pessoa ou um lugar *faz, fez, fará*, ... ou o que acontece

( ) uma característica de uma coisa ou uma pessoa ou lugar – como é

( ) a maneira como quem ou o que faz ou como algo acontece; como ou onde ou quando faz ou acontece

( ) impossível responder

2. *amategos* provavelmente é

( ) uma coisa ou uma pessoa ou um lugar

( ) um fazer – ocupa o mesmo lugar que *faço, fiz, fazem, fizeram*, ... – o que uma coisa ou uma pessoa ou um lugar *faz, fez, fará*, ... ou o que acontece

( ) uma característica de uma coisa ou uma pessoa ou lugar – como é

( ) a maneira como quem ou o que faz ou como algo acontece; como ou onde ou quando faz ou acontece

( ) impossível responder

3. *cadapiu* provavelmente é

( ) uma coisa ou uma pessoa ou um lugar

( ) um fazer – ocupa o mesmo lugar que *faço, fiz, fazem, fizeram*, ... – o que uma coisa ou uma pessoa ou um lugar *faz, fez, fará*, ... ou o que acontece

( ) uma característica de uma coisa ou uma pessoa ou lugar – como é

( ) a maneira como quem ou o que faz ou como algo acontece; como ou onde ou quando faz ou acontece

( ) impossível responder

COMENTÁRIO 3

- Você respondeu "impossível responder" em todos os casos? É provável que sim. Pois de acordo com o que tratamos anteriormente, sobre as línguas serem códigos, não há indícios, nas palavras da frase dada, que permitam identificar os tipos de informação que nos fornece cada palavra. Veja o que acontece na Vivência a seguir.

VIVÊNCIA 4

Leia a frase a seguir – novamente, ela não significa coisa alguma que você possa descrever, mas agora existem algumas informações disponíveis. Assinale a alternativa que lhe parece adequada.

Em Zóquila, as bolécias pitoriamente cazolavam um gólido amômico.

1. *Zóquila* provavelmente é

( ) uma coisa ou uma pessoa ou um lugar

( ) um fazer – ocupa o mesmo lugar que *faço, fiz, fazem, fizeram*, ... – o que uma coisa ou uma pessoa ou um lugar *faz, fez, fará*, ... ou o que acontece

( ) uma característica de uma coisa ou uma pessoa ou lugar – como é

( ) a maneira como quem ou o que faz ou como algo acontece; como ou onde ou quando faz ou acontece

( ) impossível responder

2. *cazolavam* provavelmente é

( ) uma coisa ou uma pessoa ou um lugar

( ) um fazer – ocupa o mesmo lugar que *faço, fiz, fazem, fizeram*, ... – o que uma coisa ou uma pessoa ou um lugar *faz, fez, fará*, ... ou o que acontece

( ) uma característica de uma coisa ou uma pessoa ou lugar – como é

( ) a maneira como quem ou o que faz ou como algo acontece; como ou onde ou quando faz ou acontece

( ) impossível responder

3. *pitoriamente* provavelmente é

( ) uma coisa ou uma pessoa ou um lugar

( ) um fazer – ocupa o mesmo lugar que *faço, fiz, fazem, fizeram*, ... – o que uma coisa ou uma pessoa ou um lugar *faz, fez, fará*, ... ou o que acontece

( ) uma característica de uma coisa ou uma pessoa ou lugar – como é

( ) a maneira como quem ou o que faz ou como algo acontece; como ou onde ou quando faz ou acontece

( ) impossível responder

4. *bolécias* e *gólido* provavelmente são

( ) uma coisa ou uma pessoa ou um lugar

( ) um fazer – ocupa o mesmo lugar que *faço, fiz, fazem, fizeram*, ... – o que uma coisa ou uma pessoa ou um lugar *faz, fez, fará*, ... ou o que acontece

( ) uma característica de uma coisa ou uma pessoa ou lugar – como é

( ) a maneira como quem ou o que faz ou como algo acontece; como ou onde ou quando faz ou acontece

( ) impossível responder

5. *bolécias* provavelmente são

( ) em número de um

( ) em número superior a um

( ) impossível responder

6. *bolécias* provavelmente são

( ) do gênero masculino

( ) do gênero feminino

( ) impossível responder

7. *amômico* provavelmente é

( ) uma coisa ou uma pessoa ou um lugar

( ) um fazer – ocupa o mesmo lugar que *faço, fiz, fazem, fizeram*, ... – o que uma coisa ou uma pessoa ou um lugar *faz, fez, fará*, ... ou o que acontece

( ) uma característica de uma coisa ou uma pessoa ou lugar – como é

( ) a maneira como quem ou o que faz ou como algo acontece; como ou onde ou quando faz ou acontece

( ) impossível responder

COMENTÁRIO 4

- Você pode observar que, mesmo sem palavras conhecidas na frase dada, foi possível identificar pelo menos algumas "informações"? Há palavras que estão no lugar – e têm a aparência – de uma palavra que costuma descrever a maneira como quem ou o que faz algo ou como algo acontece; ou como ou onde ou quando faz ou acontece. Há palavras que aparecem na posição que é normalmente ocupada por uma coisa ou uma pessoa ou um lugar quando construímos uma frase. E ainda, por indicar um tempo (*cazolavam* é passado, certo?), e a atividade de alguém (as *bolécias*) nesse tempo (se fosse uma bolécia só, seria *cazolava*...) – *cazolou, cazolavam*, ... – podemos classificar essa parte da frase como um fazer (*fez, fizeram*, ...). Observou também se há ali uma característica de uma coisa ou uma pessoa ou lugar – como é?

- Esta Vivência mostra a você seus conhecimentos "puros" de estrutura da língua portuguesa. Já a Vivência 3 mostra a você esses conhecimentos justamente por não apresentar nenhuma estrutura conhecida ou reconhecível. Aqui aparecem as estruturas, as construções de frases, mesmo que em palavras inventadas. Podemos vê-las, reconhê-las. Esses recursos ou códigos, que são formas de criar e agrupar as palavras em um idioma, nos permitem saber intuitivamente que tipo de informação cada palavra ou grupo de palavras tem a função de comunicar. E sabemos disso porque falamos o idioma desde pequenos, o que significa que construímos nossa comunicação e nossa compreensão do mundo com ele. É muita intimidade! Embora você não conheça as palavras em si, reconhece nelas e entre elas algo menos do que informações propriamente ditas, mas ainda assim algo informativo, muito familiar, que costumamos usar em português. Exemplos são a ordem das palavras na frase, o uso de "em" para marcar um lugar onde se diz que algo acontece, se as palavras são femininas ou masculinas por terminarem em -a(s) ou -o(s), dentre outros. Suas respostas da Vivência 4 estão baseadas nesses conhecimentos.
- De modo geral, a estrutura é a forma que as palavras têm e a ordem que assumem na frase para fazerem sentido. Mas também é essa ordem completa, ou seja, todos os tipos de informação reunidos: o conjunto das palavras que formam a frase, e o conjunto das frases.[16]
- A estrutura é uma chave de interpretação.
- Como dissemos antes, as palavras também têm sua estrutura. Isso fica claro quando pensamos sobre o vocabulário, que é como costumamos chamar qualquer conjunto de palavras que se usa em uma comunicação, específica ou genérica.

[16] E não para aí: o contexto faz parte também. Se for falado, entram em jogo a entonação, o tom de voz, e sutilezas que não vamos abordar, mas que têm seu papel, muitas vezes não descrito nem considerado.

VIVÊNCIA 5

Leia as frases a seguir. Observe como elas têm a mesma quantidade, o mesmo tipo e a mesma ordem de palavras que a frase da Vivência anterior, porém agora com significados comuns, que todos reconhecemos. Assinale as respostas certas.

Na Gramaticolândia, os falantes habitualmente usavam um palavreado antiquado.

Em casa, os familiares semanalmente assistiam[17] o jogo dominical.

Na rua, as crianças frequentemente inventavam uma brincadeira nova.

1. Em cada frase, *Gramaticolândia, casa, rua* são

( ) uma coisa ou uma pessoa ou um lugar

( ) um fazer – ocupa o mesmo lugar que *faço, fiz, fazem, fizeram*, ... – o que uma coisa ou uma pessoa ou um lugar *faz, fez, fará*, ... ou o que acontece

( ) uma característica de uma coisa ou uma pessoa ou lugar – como é

( ) a maneira como quem ou o que faz ou como algo acontece; como ou onde ou quando faz ou acontece

( ) impossível responder

2. Em cada frase, *usavam, assistiam, inventavam* são

( ) uma coisa ou uma pessoa ou um lugar

( ) um fazer – ocupa o mesmo lugar que *faço, fiz, fazem, fizeram*, ... – o que uma coisa ou uma pessoa ou um lugar *faz, fez, fará*,... ou o que acontece

( ) uma característica de uma coisa ou uma pessoa ou lugar – como é

[17] O uso de "assistir" como transitivo direto é intencional e reflete o uso popular.

( ) a maneira como quem ou o que faz ou como algo acontece; como ou onde ou quando faz ou acontece

( ) impossível responder

3. Em cada frase, *habitualmente, semanalmente, frequentemente* são

( ) uma coisa ou uma pessoa ou um lugar

( ) um fazer – ocupa o mesmo lugar que *faço, fiz, fazem, fizeram*, ... – o que uma coisa ou uma pessoa ou um lugar *faz, fez, fará*,... ou o que acontece

( ) uma característica de uma coisa ou uma pessoa ou lugar – como é

( ) a maneira como quem ou o que faz ou como algo acontece; como ou onde ou quando faz ou acontece

( ) impossível responder

4. Em cada frase, *falantes, familiares, crianças* são

( ) uma coisa ou uma pessoa ou um lugar

( ) um fazer – ocupa o mesmo lugar que *faço, fiz, fazem, fizeram*, ... – o que uma coisa ou uma pessoa ou um lugar *faz, fez, fará*, ... ou o que acontece

( ) uma característica de uma coisa ou uma pessoa ou lugar – como é

( ) a maneira como quem ou o que faz ou como algo acontece; como ou onde ou quando faz ou acontece

( ) impossível responder

5. Em cada frase, *falantes, familiares, crianças* são

( ) em número de um

( ) em número superior a um

( ) impossível responder

6. Em cada frase, *falantes, familiares, crianças* são, respectivamente,

( ) masculino, masculino, feminino

( ) feminino, feminino, masculino

( ) impossível responder

7. Em cada frase, *antiquado, dominical, nova* é

( ) uma coisa ou uma pessoa ou um lugar

( ) um fazer – ocupa o mesmo lugar que *faço, fiz, fazem, fizeram*, ... – o que uma coisa ou uma pessoa ou um lugar *faz, fez, fará*, ... ou o que acontece

( ) uma característica de uma coisa ou uma pessoa ou lugar – como é

( ) a maneira como quem ou o que faz ou como algo acontece; como ou onde ou quando faz ou acontece

( ) impossível responder

COMENTÁRIO 5

- Esta Vivência, pelas respostas que você assinalou, mostra, novamente, alguns de seus conhecimentos intuitivos, agora aplicados em seu uso comum.
- Estrutura, de certa forma, é o mesmo que gramática.
- Agora que completamos, por amostragem, nossas primeiras Vivências de trazer à consciência o que sabemos intuitivamente – nosso conhecimento intuitivo é ainda muito mais amplo do que o que vimos aqui –, vamos dedicar a nossa atenção à nossa intuição sobre os significados e funções das palavras, ou vocabulário.

○ COMBINAÇÕES SOBRE TERMOS

Estamos construindo uma compreensão da função das palavras. Portanto, quanto mais ampla for nossa definição, mais casos de uso do idioma ela vai representar e melhor nos servirá em nosso esforço de revelar nossa intuição em ação quando formamos as frases e nos comunicamos. Ocorre, porém, que as palavras são feitas para usos específicos, situacionais, como ficou claro em nossa breve análise da importância do contexto na comunicação. Assim, quando pensamos em definir a função das palavras de um jeito intuitivo, que todos possamos entender, temos o desafio de ser genéricos, abrangentes e claros usando palavras do dia a dia, que são feitas para usar em situações particulares e específicas, pois palavras não são usadas independentemente de contexto.

Diante desse desafio, temos a opção de, a cada vez, repetir toda a definição que construímos, como abaixo:

- a maneira como quem ou o que faz ou como algo acontece; como ou onde ou quando faz ou acontece
- uma coisa ou uma pessoa ou um lugar
- um fazer – ocupa o mesmo lugar que *faço, fiz, fazem, fizeram, ...* – o que uma coisa ou uma pessoa ou um lugar *faz, fez, fará, ...* ou o que acontece
- uma característica de uma coisa ou uma pessoa ou lugar – como é

Ou podemos eventualmente fazer uma combinação de usos abreviados, simplificados, e lembrar que, embora estejamos usando uma palavra, que é a palavra-chave da definição, estamos na verdade fazendo referência a todo o item, e que a palavra é uma representação facilitada de uma definição mais detalhada e abrangente. Assim, ao longo desta Gramática Intuitiva, podemos usar a seguinte convenção, tendo em mente sempre as definições inteiras, e até mesmo acréscimos a elas, quando forem necessários:

Definição detalhada e abrangente	Combinação de usos abreviados
a **maneira** como quem ou o que faz ou como algo acontece; como ou onde ou quando faz ou acontece	**maneira**
uma **coisa** ou uma pessoa ou um lugar	**coisa**
um **fazer** – ocupa o mesmo lugar que *faço, fiz, fazem, fizeram, ...* – o que uma coisa ou uma pessoa ou um lugar *faz, fez, fará, ...* ou o que acontece	**fazer**
uma **característica** de uma coisa ou uma pessoa ou lugar – como é	**característica**

Muito importante: evite interpretar os nomes, sejam da definição detalhada ou da combinação para uso abreviado! Podemos usar a classificação "coisa", que faz referência às palavras que representam "uma **coisa** ou uma pessoa ou um lugar", para nos referirmos também a uma pessoa, por exemplo, pois **coisa** se refere aqui a uma categoria, que inclui pessoa – e lugar, ... Isso pode acontecer em outros casos. Assim, cuidado! Se interpretarmos os nomes das nossas classificações: "maneira", "coisa", "fazer", "característica", estaremos sendo específicos, excludentes, e poderemos nos perder em nosso esforço de identificar, intuitivamente, os tipos de informação que usamos para a comunicação verbal. Enfim, com esses nomes estamos classificando de um modo simples, e não nomeando de um modo específico.

2

O que são sintaxe e função sintática?

Sintaxe é a forma como organizamos as palavras nas frases, e o estudo dessa organização. Vem do grego *sýntaxis*, formado de *syn-*, "junto" + *táxis*, "ordenação, arrumação". A "análise sintática" de que tanto se fala na escola é a simples revelação da ordem das palavras na frase ou em partes dela, e do porquê que ocupam o lugar que ocupam, em virtude do papel (a função sintática!) que elas têm. Na sua origem, a sintaxe é aparentada com a tática, pois ambas têm o mesmo verbo na raiz: *tasseîn*, "ordenar, arrumar". Originalmente em linguagem bélica (ou seja, relacionada às guerras), a tática é a arte de ordenar as tropas durante as batalhas. Hoje usamos tática para significar "habilidade", na maioria das vezes, no contexto de gestão, administração e *marketing*.

Podemos repensar a sintaxe como aquela parte do estudo da língua que nos permite chegar a uma comunicação mais hábil. Quanto melhor entendermos a função de um termo na frase e como ele se relaciona com os demais, observando seu padrão – sua maneira preferida de aparecer em uso na língua – mais escolhas temos para refinar e melhorar nossa comunicação.

A **função sintática** é o papel que cada parte da frase tem – mais tarde chamaremos essas "partes da frase" de unidade de informação, aprendendo também a identificá-las.

○ CONHECIMENTO INTUITIVO DE VOCABULÁRIO

Todos nós temos um conhecimento intuitivo das partes que formam palavras em nossa língua. Isso ocorre porque, embora as palavras tenham lá a sua individualidade e singularidade, ou sejam de certa forma únicas, não são todas sempre totalmente originais. As partes iniciais, as partes finais e até mesmo a parte central das palavras, responsável pelo significado que têm, podem se repetir em outras palavras. Isso contém a mesma ideia de código, a representação compartilhada pela comunidade que usa aquelas determinadas palavras.

VIVÊNCIA 6

Observe as frases abaixo. Em seguida, assinale o item que contém a explicação certa da palavra destacada. É provável que as palavras dessa Vivência não sejam usadas em seu dia a dia. Mesmo assim, observe como você consegue facilmente reconhecer e interpretar seu significado.

1. O **despertante** não funcionou hoje. Perdi o ônibus!

( ) serve para acordar as pessoas em determinado horário

( ) faz o contrário de "apertar"

( ) impossível responder

2. A **longidade** entre Aquiópolis e Lalópolis é de 100 km.

( ) uma idade

( ) o tamanho da distância

( ) impossível responder

3. Este campo precisa ser **arvorado.**[18]

( ) plantado com árvores

[18] Está no dicionário...

( ) ousado

( ) impossível responder

4. Nunca vi esta menina tão **olhativa** – ou está deprimida ou apaixonada!

( ) com o olhar parando em tudo à volta

( ) com os olhos ativos

( ) impossível responder

5. Você nunca dá água para as plantas, seu **fitoassassino**[19]!

( ) alguém que assa fitas

( ) alguém que mata plantas

( ) impossível responder

COMENTÁRIO 6

1. O final de palavra *–nte*, que ocorre, por exemplo, em *interessante*, *entediante*, *empolgante*, etc. e forma características das coisas, como "filme **interessante**", "palestra **entediante**", "competição **empolgante**", tem a mesma origem, em sua formação, que *–ndo*, que usamos para descrever o que estamos faze**ndo**: como em ***fazendo*** *um bolo*, ***bebendo*** *suco*, ***comendo*** *batata frita*, etc. Tanto a característica que termina em *–nte* quanto o fazer, o verbo, que termina em *–ndo* expressam a noção de "em processo". Ambos os finais de palavra expressam "um efeito/fato que está em produção", seja *causando o efeito* (A, abaixo), seja realizando, fazendo algo durante determinado tempo (B) em andamento:
   a. **interessante**, que interessa, **entediante**, que entedia, **empolgante**, que empolga;
   b. ***agora estou*** **fazendo** *um bolo*, **bebendo** *suco*, **comendo** *batata frita*

[19] *Fito-*: referente a planta. Exemplo: *fitoterapia*, tratamento com plantas.

Assim, *desperta(r)* + *-nte*, mesmo que seja palavra inventada para esta Vivência, significa aqui "que desperta". A palavra, mesmo nova, é construída de um jeito que se repete em muitas outras palavras comuns do dia a dia. Combinar *-nte* com um "significado central" produz, portanto, o significado geral de "sendo feito ou causado". E "sendo feito ou causado" é a informação deste finalzinho de palavra, *-nte*.

2. *-idade*, como em *felicidade*, *maioridade*, etc., aqui foi unido à palavra *longe*, "onde algo é". Assim criamos um sinônimo para *distância*. Outra brincadeira na frase é o uso de *-pólis*, que queria dizer "cidade" em grego e continuou em uso nas línguas modernas como um final de palavra que também quer dizer "cidade de". Aparece como a parte final do nome de várias cidades: Divinópolis, Florianópolis, Patópolis (!) ...
3. Essa palavra foi criada assim: "árvore", transformada em fazer, *arvorar*, mais *–ado*, seguindo a mesma linha que **trabalho**, **trabalhar**, **trabalhado**, ou **pesca**, **pescar**, **pescado**, por exemplo. Assim, forma-se "arvorar", com sentido de "colocar ou plantar com árvores": *alguém arvorou o campo*; *o campo ficou arvorado*.
4. *Pensar + ativo, pensativo, criar + ativo, criativo, olhar + ativo, olhativo!*
5. *Fito-*, planta. *Fitoassassino*, "que mata plantas".

3

O que é morfologia?

Morfologia é o estudo de como as palavras se formam e de como elas são, conforme seu tipo e função. Vem do grego *morphé*, "forma, formato; beleza, aparência" e se combina com *-logia*, "estudo". Há classificações diversas dentro da morfologia. São os nomes que as palavras recebem quanto a sua natureza: substantivos, artigos, pronomes, adjetivos, verbos, advérbios, preposições, conjunções, dentre outras. Existem várias classificações e definições quanto aos subtipos dessas classificações, bem como sua formação e origem.

Vamos agora partir para o conhecimento prático da nossa Gramática Intuitiva. Para entender e acompanhar esse processo de revelar a intuição que temos sobre o conhecimento do nosso idioma, é muito importante responder a todas as questões e fazer as Vivências propostas na sequência em que aparecem. Isso garante a experiência pessoal e a evolução do raciocínio a partir dela, passo a passo, permitindo que cada etapa proposta acrescente um pouco mais para a compreensão do conteúdo.

3 CONCEITOS BÁSICOS DA GRAMÁTICA INTUITIVA

I. PARTES DE PALAVRAS

Muitas palavras (a maioria), embora sejam o nome de algo ou alguém, ou de um lugar, um fazer, uma característica, enfim, embora cada palavra sirva para representar uma coisa ou ter uma função pelo menos, já vimos que elas não são todas totalmente "originais".[20] Quer dizer, as palavras também são formadas de partes que se repetem em outras palavras, seguindo um padrão. Usando uma comparação que nos permite manter a noção de uma estrutura, as palavras são como "minifrases". São constituídas de partes que têm um significado que podemos reconhecer, inclusive porque aparecem em outras palavras.

[20] Reveja Vivência 5.

Essas partes têm também o seu significado, embora não apareçam independentemente de outras partes de palavras, como uma unidade que se usa sozinha. É o que vimos fartamente exemplificado no Comentário 6, aliás. Assim, porque se repetem e aparecem em outras palavras, temos familiaridade com essas unidades, essas partes formadoras das palavras em nossa língua.

Quando tomamos consciência das partes que formam as palavras, temos uma compreensão que vai além do significado daquela palavra isolada.

Quando tomamos consciência das partes que formam a palavra:

- **Podemos entender a palavra da maneira como ela é formada.** Por exemplo, a palavra *criança*, entendida em sua formação, na união das partes que a compõem, nos indica que foram combinadas as partes *cri-* de "criar" e *-ança*, que indica "atividade"[21]. Assim podemos entender "criança" como "ser humano bem jovem", significado comum, mas também como "(alguém) que está sendo criado por alguém", ou "atividade de criar (alguém)".
- **Podemos entender palavras que não conhecíamos.** Palavras que não estão no dicionário porque alguém as inventou ou palavras muito incomuns, que estão no dicionário mas que ninguém usa. Veja dois exemplos que ilustram o primeiro e o segundo casos: (1) "Em dezembro tudo se *nataliza*". *Natalizar/natalinizar* significa "transformar em Natal". (2) "Vê-se pelo estado das suas unhas que ela pratica *onicofagia*."

No primeiro exemplo, podemos entender o significado sem qualquer consulta, até porque a palavra foi inventada para o exemplo! No segundo, se soubermos que *onico-* significa "relacionado às unhas" e que *-fagia* vem de uma forma do verbo "comer" em grego, interpretamos a palavra sem precisar ver o seu sentido no dicionário: "hábito ou vício de roer as unhas".

[21] Por exemplo: "mudança" é a "atividade de mudar", "esperança" é, na formação da palavra, a "atividade de esperar" (com expectativa positiva), "comilança", a "atividade de comer (muito)", "pajelança", a "atividade do pajé nas tribos indígenas", etc. Claro que este *-ança* traz, em muitas palavras onde aparece, uma conotação sutil para além da mera "atividade de", mas aqui vamos abrir mão desta esfera de abordagem, pois se insere em outro, vasto assunto, chamado semântica.

- **Podemos formar palavras novas.** Às vezes, tão natural é o caminho de unir partes de palavras para descrever algo em nova situação, que podemos até achar que a palavra que inventamos já existe. Me ocorre, como exemplo, a palavra "imexível"[22], cunhada durante o governo Collor. Falou-se muito nela, em tom de crítica e com um certo "desprezo erudito". Ora, "imexível" é perfeita, do ponto de vista da construção da palavra respeitar e empregar corretamente os recursos que a língua oferece. Na formação de "imexível" estão recursos presentes em várias outras palavras da nossa língua: o ***i-*** para indicar negação, a raiz de "mexer", *mex-*, e o *-ível* ao final, que significa algo como "que pode ser", e aqui, "que não pode ser mexido". Qual o problema? O leitor poderá retornar ao item **A língua é dinâmica**, no final da Parte I, para refletir um pouco mais a respeito de reações adversas à inovação na língua. Outras invenções que ilustram o que queremos demonstrar aqui estão na Vivência do item **Conhecimento intuitivo de vocabulário**: "despertante", "arvorado", "fitoassassino"...

4

O que é neologismo?

Neo-, de *neos* (gr), novo, *-log-*, de *logos* (gr), palavra, e *-ismo*, pensamento/movimento/ensinamento. Neologismo é uma palavra nova, ou um novo sentido para uma palavra existente. Exemplos de palavras novas temos nos parágrafos acima, e em nosso dia a dia também. Já nas palavras com um sentido novo, temos, por exemplo, "suportar", que por causa do uso tão frequente do inglês *support* passou a ser uma tradução direta e significa agora, também, "apoiar" – um sentido positivo que a palavra não tinha.

A palavra que vem de outra língua se chama "empréstimo" e se diferencia do neologismo por se manter como veio. Exemplos são as tantas palavras em inglês que usamos em nosso cotidiano.

[22] "O ex-ministro do Trabalho do governo Collor, Antonio Rogério Magri, ganhou fama com o termo "imexível". Afirmou, no início da década de 1990, que "*o direito de greve é* `***imexível***'." (*Diário do Passado*, 04.03.1991)." Fonte: http://jus.com.br/revista/texto/19786/o-recurso-improvido-tornou-se-imexivel.

VIVÊNCIA 7

Identifique qual expressão ou palavra no quadro abaixo descreve o significado das partes de palavras que estão numeradas na tabela. O nº 1 está respondido, como exemplo.

de novo – dois – entre – além – abaixo – depois – variado – aquele/ aquilo que ("faz o que vem antes") – estudo de... – lugar de... – doutrina, crença – cheio de... – tornar – que pode... (o que vem antes) – dizer – brincar – ~~escrever~~ – toque – de maneira... – indica fazer

Parte de palavra	Exemplos em palavras	Significado que evoca
1. scrib-	*escrever, escrita, escriba*	*Escrever*
2. ultra-	ultrassom, ultra-humano, ultrapassagem	
3. -ente/-ante	pretendente, navegante, atendente	
4. bi-	bilateral, bilíngue, bipolar	
5. -ismo	cristianismo, jornalismo, neologismo	
6. -lud-	lúdico, alusão, iludir	
7. dic-/dict-	ditar, dizer, dicionário	
8. inter-	intercalar, interposto, internacional	
9. -izar	batizar, oficializar	
10. -tang-/-tact-	tato, tangível, conta(c)to físico	
11. sub-	subaquático, subfamília, subnutrido	
12. -oso	arenoso, esponjoso, perigoso	
13. -logia	biologia, psicologia, patologia	
14. -ível/-ável	infalível, amável, incomparável	

15. multi-	multicolorido, multinacional, multiético
16. pos(t)-	posterior, pós-graduação, pós-cirúrgico
17. re-	recomeçar, repetição, repensar
18. -ário	aviário, berçário, aquário
19. -mente	grosseiramente, imediatamente, laconicamente
20. -er	ler, comer, entender

1. Escrever	**8.** entre	**15.** variado
2. além	**9.** tornar	**16.** depois
3. aquele/aquilo que...	**10.** toque	**17.** de novo
4. dois	**11.** abaixo	**18.** lugar de...
5. doutrina, crença	**12.** cheio de...	**19.** de maneira...
6. brincar	**13.** estudo de...	**20.** indica um fazer
7. dizer	**14.** que pode...	

COMENTÁRIO 7

Sendo usuários do idioma, e não teóricos, estudiosos, e usando como ponto de partida a Vivência acima, podemos pensar em três partes de palavras comuns e reconhecê-las com certa facilidade: centrais, iniciais e finais. Vamos entender melhor como elas são e o que fazem.

○ PARTES DE PALAVRAS CENTRAIS[23]

São como a base da palavra, a porção a que se adicionam as partes iniciais e finais. Revelam um sentido "anterior" à informação sobre que lugar na frase a palavra

[23] São também chamados radicais, ou raízes, da palavra. Recomendo o site http://origemdapalavra.com.br/ como fonte de informação sobre os significados das palavras em sua origem. É um estudo surpreendente, esclarecedor e por vezes divertido também. Chama-se etimologia.

está ocupando, por exemplo, o lugar de maneira como quem ou o que faz ou como algo acontece; de coisa ou uma pessoa ou um lugar, de um fazer ou de uma coisa ou uma pessoa ou um lugar, ou de uma característica de uma coisa ou uma pessoa ou lugar – como algo ou alguém é.

Um exemplo é *trab-*, que mostramos no item **De onde vêm as palavras? Quem as cria?**. Veja outros, com algumas "vestimentas" (ou funções) comuns e diferentes. Os exemplos não são exaustivos; haveria muitíssimos outros.

FREQUEN-

O que a palavra descreve	Como a parte central se completa	Exemplo de uso
uma **coisa** ou uma pessoa ou um lugar	**Frequência**	Aumenta a cada ano a **frequência** dos escândalos na política.
um **fazer** – ocupa o mesmo lugar que *faço, fiz, fazem, fizeram*, ... – o que uma coisa ou uma pessoa ou um lugar *faz, fez, fará*, ... ou o que acontece	**Frequentar**	Meus filhos **frequentam** uma escola pública.
uma **característica** de uma coisa ou uma pessoa ou lugar – como é	**Frequente**	A chuva aqui é mais **frequente** no verão.
a **maneira** como quem ou o que faz ou como algo acontece; como ou onde ou quando faz ou acontece	**Frequentemente**	**Frequentemente** estudo à noite.

FAC(T)-

O que a palavra descreve	Como a parte central se completa	Exemplo de uso
uma **coisa** ou uma **pessoa** ou um lugar	**Facilidade, facilitador**	O menino tem **facilidade** para aprender matemática. O **facilitador** do nosso treinamento foi muito hábil.
um **fazer** – ocupa o mesmo lugar que *faço, fiz, fazem, fizeram*, ... – o que uma coisa ou uma pessoa ou um lugar *faz, fez, fará*, ... ou o que acontece	**Facilitar**	Exemplos sempre **facilitam** a compreensão de um procedimento.
uma **característica** de uma coisa ou uma pessoa ou lugar – como é	**Fácil, factível**	É mais **fácil** falar do que fazer. O projeto não é **factível** em duas semanas.
a **maneira** como quem ou o que faz ou como algo acontece; como ou onde ou quando faz ou acontece	**Facilmente**	Podemos **facilmente** nos lembrar de fatos que envolveram fortes emoções.

BRILH-

O que a palavra descreve	Como a parte central se completa	Exemplo de uso
uma **coisa** ou uma pessoa ou um lugar	**Brilho**	Falta **brilho** nos detalhes dourados da pintura.
um **fazer** – ocupa o mesmo lugar que *faço, fiz, fazem, fizeram*, ... – o que uma coisa ou uma pessoa ou um lugar *faz, fez, fará*, ... ou o que acontece	**Brilhar**	As estrelas não **brilham** com a mesma intensidade todas as noites.
uma **característica** de uma coisa ou uma pessoa ou lugar – como é	**Brilhoso**	A superfície **brilhosa** da louça mostra que foi produzida com qualidade.
a **maneira** como quem ou o que faz ou como algo acontece; como ou onde ou quando faz ou acontece	**Brilhantemente**	O professor respondeu **brilhantemente** à pergunta da aluna.

AM-

O que a palavra descreve	Como a parte central SE completa	Exemplo de uso
uma **coisa** ou uma pessoa ou um lugar	**Amor, amante**	**Amor** tem muitos usos e até significados diferentes. Os poetas são os **amantes** das palavras.

O que a palavra descreve	Como a parte central se completa	Exemplo de uso
um **fazer** – ocupa o mesmo lugar que *faço, fiz, fazem, fizeram, ...* – o que uma coisa ou uma pessoa ou um lugar *faz, fez, fará, ...* ou o que acontece	**Amar**	Parece que as pessoas **amam** e confiam mais do que imaginam.
uma **característica** de uma coisa ou uma **pessoa** ou lugar – como é	**Amoroso**	O gesto **amoroso** da mãe com o filho cativou a todos.
a **maneira** como quem ou o que faz ou como algo acontece; como ou onde ou quando faz ou acontece	**Amorosamente**	Na hora de fazer uma crítica, é bom tentar fazer isso **amorosamente**.

Naturalmente, há mais palavras que contêm **frequen-** ou **fac(t)-** ou **brilh-** ou **am-**.

Há também inúmeras palavras que não têm exemplos com a mesma parte central para completar as quatro categorias da tabela, como, por exemplo, **rapid-**, que forma **rapidez** e **rápido/rapidamente**, mas na hora de exprimir um *fazer* com a ideia de **rapid-** temos de usar, por exemplo, a parte central **press-**, **apressar**, e assim também **rapidez** e **pressa** podem ser sinônimos.

Há ainda, item importante, os casos em que as palavras seguem o que o modelo da tabela sugere quanto à sua forma, mas são usadas com sentido não linear. Um bom exemplo é **felizmente**, com a parte central **feli(c)-**, que também aparece em **felicidade** e **feliz**. Costumamos usar **felizmente** para expressar "maneira bem-sucedida como algo acontece", e dificilmente "maneira feliz como algo acontece", ainda que em alguns casos possa ser o mesmo:

Felizmente consegui chegar no aeroporto a tempo de pegar o avião. Felizmente me ocorreu um exemplo bem didático de uso da palavra "felizmente".

E a propósito, **dificilmente**, que usei no parágrafo anterior, é mais um exemplo: não quer dizer "maneira difícil como faz ou algo acontece", e sim "maneira rara, pouco frequente ou pouco provável como faz ou algo acontece".

Com esses quadros e exemplos, conseguimos enxergar melhor como a parte central da palavra traz uma informação que mais ou menos se mantém em cada nova palavra onde aparece. Vemos que isso ocorre de forma independente do início ou fim da palavra – as sílabas iniciais, quando há além da parte central, caso de ***in*felicidade**, ou ***des*amor**, por exemplo, e finais, como nos exemplos acima, onde a parte central aparece "vestida" de diversas formas. Observamos que o sentido se adapta. O sentido assume aparência, em letras e sons, para ser usado em lugares e funções diferentes da frase.

VIVÊNCIA 8

Aceite o desafio de pensar algumas partes centrais de palavras para que se encaixem nas quatro categorias. Isso ajuda muito a aumentar sua consciência dos mecanismos intuitivos de formação de palavras. Identifique três partes centrais e preencha suas tabelas:

-

O que a palavra descreve	Como a parte central se completa	Exemplo de uso
uma **coisa** ou uma pessoa ou um lugar		
um **fazer** – ocupa o mesmo lugar que *faço, fiz, fazem, fizeram, ...* – o que uma coisa ou uma pessoa ou um lugar *faz, fez, fará, ...* ou o que acontece		

O que a palavra descreve	Como a parte central se completa	Exemplo de uso
uma **característica** de uma coisa ou uma pessoa ou lugar – como é		
a **maneira** como quem ou o que faz ou como algo acontece; como ou onde ou quando faz ou acontece		

-

O que a palavra descreve	Como a parte central se completa	Exemplo de uso
uma **coisa** ou uma pessoa ou um lugar		
um **fazer** – ocupa o mesmo lugar que *faço, fiz, fazem, fizeram*, ... – o que uma coisa ou uma pessoa ou um lugar *faz, fez, fará*, ... ou o que acontece		
uma **característica** de uma coisa ou uma pessoa ou lugar – como é		
a **maneira** como quem ou o que faz ou como algo acontece; como ou onde ou quando faz ou acontece		

(-)

O que a palavra descreve	Como a parte central se completa	Exemplo de uso
uma **coisa** ou uma pessoa ou um lugar		
um **fazer** – ocupa o mesmo lugar que *faço, fiz, fazem, fizeram*, ... – o que uma coisa ou uma pessoa ou um lugar *faz, fez, fará*, ... ou o que acontece		
uma **característica** de uma coisa ou uma pessoa ou lugar – como é		
a **maneira** como quem ou o que faz ou como algo acontece; como ou onde ou quando faz ou acontece		

COMENTÁRIO 8

Veja algumas sugestões de preenchimento e observe como as maneiras, muitas vezes, por terminarem quase sempre em *-mente*, soam engessadas:

- *clar-*: clareza; clarear; claro; claramente
- *escur-*: escuro; escurecer; escuro
- *part/c-*: parte; partir; partido, parcial; parcialmente
- *limp-*: limpeza; limpar; limpo/límpido; limpidamente
- *suj-*: sujeira; sujar; sujo; sujamente
- *repet-*: repetição; repetir; repetido; repetidamente
- ...

○ PARTES DE PALAVRAS INICIAIS

Aparecem antes da parte central e evocam sempre a mesma "impressão" ou grupo reduzido de impressões, como uma direção, intensidade, frequência, etc., não importando a função – a vestimenta – que a palavra tenha e onde esteja sendo usada na frase. Veja a seguir alguns exemplos aleatórios.

Além de significar algo, as partes de palavras iniciais não têm um papel tão definido como recurso da língua quanto o têm as finais. Além do mais, porque somos econômicos e tendemos ao menor esforço para falar, com o tempo muitas palavras ficam "desfiguradas". Ou seja, partes se perdem para que fiquem mais "fáceis" de pronunciar, e aí não vemos nitidamente sua ligação com outras palavras, aparentadas. Ou ainda as partes iniciais se combinam com partes centrais que não existem independentemente. Não dizemos, por exemplo: *petir*, como em **repetir**, combinação de *re-* (outra vez) + *-petir*; mas dizemos **pedir**, que é a mesma palavra, em termos de origem, que a raiz *-petir*.[24]

VIVÊNCIA 9A

Embora possa parecer muito subjetivo a princípio para quem não faz um estudo mais profundo do idioma, ainda assim é possível observar uma relação ou proximidade de sentido entre palavras que iniciam por uma mesma parte de palavra, determinada justamente pelo seu compartilhamento. Abaixo, alguns exemplos, formados com **des-**, **inter-** e **sub-**. Em cada número em cada linha, complete com uma das palavras oferecidas acima da tabela. A primeira lacuna está preenchida e a palavra correspondente, riscada.

[24] Onde houver a troca do T e do D como diferença entre duas palavras, é muito provável que ambas tenham a mesma origem. Isso ocorre porque os sons que T e D representam são produzidos da mesma forma; a única diferença é a ausência de vibração na garganta (ou não aplicação de *voz*) quando produzimos o T, e o oposto, quando produzimos o D. Tanto que esses sons são classificados como surdos e sonoros, ou vozeados e desvozeados, respectivamente. Faça o teste colocando a mão na garganta e pronunciando ambos, mas cuidado para não colocar o som de E junto. Pronuncie apenas o som da consoante TTTTT... ou DDDD... Existem outros pares que se comportam da mesma forma, e que facilmente permitem localizar parentescos entre as palavras: F,V – S,Z – P,B – C(K),G – CH(X),J.

DES-

desatento – ~~desatenção~~ (1)

desobstruída – desobstruir – desobstrução – desobstruidamente

INTER-

internacionalizar – internacionalmente – internacionalização – internacionais

interfere – interferência

SUB-

subalimentadas – subnutrição – subnutridas

subentendi – subentendidamente – subentendida

Parte inicial e impressão que causa	Parte inicial + parte central	Exemplos para uma **coisa** ou uma pessoa ou um lugar	Exemplos para um **fazer** – ocupa o mesmo lugar que *faço, fiz, fazem, fizeram*, ... – o que uma coisa ou uma pessoa ou um lugar *faz, fez, fará*, ... ou o que acontece	Exemplos para uma **característica** de uma coisa ou uma pessoa ou lugar – como é	Exemplos para **maneiras** como quem ou o que faz ou como algo acontece; como ou onde ou quando faz ou acontece
des- **inverter o sentido**	des- + -aten(t)-	Ele nem me cumprimentou. Achei muita desatenção (1).	-	Ele pode ter sido apenas ________(2).	-
	des- + -obstrui-	Como vamos fazer a ________ (1) do cano?	Eu limpei o cano para ________ (2) a passagem da água.	O cano limpo deixa a passagem da água ________ (3).	A água passa agora ________ (4) pelo cano limpo.
inter- **estar entre, no meio de**	inter- + -nacional-	Para muitos, a globalização é apenas a ________ (1) dos negócios.	As empresas precisam se ________ (2) para atuar globalmente.	A empresa começou a fazer negócios ________ (3).	A empresa começou a atuar ________ (4).
	inter- + -fer[25]-	O celular tocando faz uma ________ (1) na conexão.	Quando toca, o celular ________ (2) na conexão.	-	-

[25] Ferir/furar.

Parte inicial e impressão que causa	Parte inicial + parte central	Exemplos para uma **coisa** ou uma pessoa ou um lugar	Exemplos para um **fazer** – ocupa o mesmo lugar que *faço, fiz, fazem, fizeram*, ... – o que uma coisa ou uma pessoa ou um lugar *faz, fez, fará*, ... ou o que acontece	Exemplos para uma **característica** de uma coisa ou uma pessoa ou lugar – como é	Exemplos para **maneiras** como quem ou o que faz ou como algo acontece; como ou onde ou quando faz ou acontece
sub- estar abaixo	sub- + -nutr-	________ (1) infantil é um problema social sério.	-	Crianças ________ (2) são crianças mal alimentadas	-
	sub- + -entend-	-	Eu ________ (1) que o problema X tinha sido resolvido.	A solução do problema, ________ (2) pelo que se comentou, era falsa afinal.	Aludiu ________ (3) a solução do problema.

DES- (2)desatento (1)desobstrução; (2)desobstruir; (3)desobstruída ; (4)desobstruidamente

INTER- (1)internacionalização; (2)internacionalizar; (3) internacionais; (4)internacionalmente; (1)interferência; (2) interfere;

SUB- (1)subnutrição; (2) subnutridas; (1)subentendi; (2)subentendida; (3)subentendidamente

VIVÊNCIA 9B

Veja adiante vários exemplos, com explicações, de outras partes de palavras iniciais. Escreva o significado da palavra que está disponível ao lado da parte inicial dentro dos ( ) com a numeração. Observe como a mesma parte de palavra pode mudar um pouco – ou muito! – de palavra para palavra. Observe sempre a semelhança no que estamos chamando de UMA IMPRESSÃO QUE CAUSA aquela parte de palavra ao se repetir em outra(s) palavra(s). Os exemplos dados têm o objetivo de despertar o interesse e a consciência sobre a formação de palavras – e não apresentar a totalidade das partes de palavras iniciais, até mesmo porque listas, completas, são abundantes nas gramáticas e na Internet. O sentido das palavras usadas como exemplos e informado entre ( ) ao lado de cada palavra é apenas para canalizar a ideia – não há preocupação para que se encaixem e se substituam as palavras nas frases dadas como exemplos.

ant(i)- = algo dado contra; = *contra rugas*

ante- = câmara/quarto/recinto antes de outro; = passaram antes

bem- = com sucesso; = que tenha vindo bem...

co(m)- = lembrar juntas; = colocar junto

contra- = contradizer; =contraestar

de- = crescente para baixo; = bateram-se ou *lutaram* sobre o assunto do início ao fim

extra- = para fora da Terra; = vagar/andar fora dos limites

end(o)- = casamento dentro – da tribo ou família; = olhar para dentro

hip(o)- = pouca temperatura – do corpo; = colocação por baixo "para sustentar uma ideia"...

hiper- = excesso de dosagem; = ativa demais

i(n)- =sem poder; = não capaz

intra- =dentro do músculo; = dentro do útero; = dentro da veia

intro- = olhar para dentro; = caminho para dentro

mal- = não sentir-se bem; = não entender bem

o(b)- =colocados na frente, impedindo caminho, obstar; = colocados na frente

pos- = deixar para trás; = graduação depois da graduação

pre- = ver antes; = maduro antes

pro- = colocada na frente; =que "anda" para a frente

retro- = que escava para trás; = para trás

semi- = aberto pela metade;

sin/m- = sentir junto; = beber junto

super = exposição por mais tempo do que o habitual; = mercado maior/melhor/mais sortido

su(b)- =abaixo da terra; = alimentadas de menos

ultra- =som além do que pode ser ouvido; = mais que passado

vice- =substituto do síndico; = logo atrás do primeiro colocado

Parte inicial	Exemplos em palavras em frases	Significado geral
ant(i)-	Use o creme antirrugas (= contra rugas) (1) para amenizar o efeito do envelhecimento. Não há antídoto (_______________) (2) para veneno de sapo.	"contra"
ante-	Poucas famílias sabem quem são seus antepassados (_______________) (1). A antecâmara (_______________) (2) da tumba do faraó estava cheia de afrescos enigmáticos.	"antes"
bem-	Seja bem-vindo (_______________) (1) ao nosso encontro! Qualquer profissional quer ser bem-sucedido (_______________) (2) em sua carreira.	"positivo", "intenso"
co(m)-	Algumas pessoas gostam de sair para beber quando querem comemorar (_______________) (1) alguma coisa. O que tem neste composto (_______________) (2) de ervas aromáticas?	"junto"
contra-	A testemunha entrou em contradição (_______________) (1) durante o depoimento. Use o preto para contrastar (_______________) (2) com o fundo branco.	"opor"
de-	Liste suas prioridades em ordem decrescente (_______________) (1), por favor. Os candidatos debateram (_______________) (2) os temas propostos.	"de cima para baixo", "por completo"
extra-	"Já conversou com um extraterrestre (_______________) (1) hoje?" é a chamada de um novo filme sobre ETs. O chapéu dourado e o salto alto cravejado de *strass* são realmente uma extravagância (_______________) (2).	"para fora"

end(o)-	Os problemas de estômago são investigados através de um procedimento denominado endoscopia (______________) (1). A endogamia (______________) (2) aumentava a chance de problemas hereditários.	"para dentro"
hip(o)-	A hipótese (______________) (1) do fim do mundo tem de ser descartada. Começou a tremer com hipotermia (______________) (2).	"por baixo", "pouco"
hiper-	Quando não conseguem entender ou atender uma criança, dizem que ela é hiperativa (______________) (1). O paciente foi vítima de hiperdosagem (______________) (2) por descuido.	"por cima", "demais"
i(n)-	Se você não sabe fazer uma coisa, isso não significa que seja incapaz (______________) (1). Diante da morte temos todos um sentimento de impotência (______________) (2).	"não", "sem"
intra-	Dizem que as experiências intrauterinas (______________) (1) já influenciam o nosso desenvolvimento. Esse remédio é para aplicação intravenosa (______________) (2) ou intramuscular (______________) (3)?	"dentro"
intro-	Você leu a introdução (______________) (1) do meu livro? Se diz que alguém é introspectivo (______________) (2) quando essa pessoa fala pouco. Acho que é muito mais...	"para dentro"

mal-	Os mal-entendidos (________________) (1) fazem parte da comunicação. Depois da missa o padre teve um mal-estar (________________) (2) e desmaiou.	"ruim", insuficiente"
o(b)-	Veja quantos objetos (________________) (1) úteis estão à venda no nosso bazar! É natural que encontremos obstáculos (________________) (2) no caminho – faz parte do processo de crescimento.	"em frente"
pos-	Terminou a faculdade e fez um pós-graduação (________________) (1) em outra área. Surgiu um compromisso para mim e vamos ter de postergar (________________) (2) nossa reunião, que é no mesmo horário.	"depois"; "para trás"
pre-	O bebê é prematuro (________________) (1). Ninguém pode prever (________________) (2) o futuro.	"antes"
pro-	O medicamento tem ação progressiva (________________) (1), por isso deve ser ingerido diariamente. Poderia nos enviar sua proposta (________________) (2) comercial para analisarmos?	"para a frente", "adiante"
retro-	Os mais velhos são às vezes acusados de ter o pensamento retrógrado (________________) (1). A retroescavadeira (________________) (2) é usada na abertura de valas.	"para trás"
semi-	O detento está agora em regime semiaberto (________________) (1), por isso precisa apresentar-se todas as noites para dormir na prisão.	"metade"

sin/m-	A ideia do simpósio (_______________) (1) é muito antiga. Vem dos tempos da Grécia Clássica, onde havia predileção pelo debate intelectual acompanhado do consumo de vinho. Todos tendem a ter simpatia (_______________) (2) pelas causas humanitárias.	"ao mesmo tempo", "junto"
super	Quem vai ao supermercado (_______________) (1) esta semana? Em fotografia, usa-se a superexposição (_______________) (2) para gerar efeitos de textura diferenciada nas fotos.	"acima", "demais"
su(b)-	É uma vergonha para a humanidade que ainda existam tantas crianças subnutridas (_______________) (1) no planeta Terra. Os metrôs são trens subterrâneos (_______________) (2).	"abaixo", "de menos"
ultra-	Alguns conceitos hoje considerados ultrapassados (_______________) (1) em outras épocas foram o que havia de mais avançado. O ultrassom (_______________) (2) é uma técnica de diagnóstico por imagem.	"além"
vice-	Eu aceito ser vice-síndico (_______________) (1), mas preciso da ajuda dos demais moradores. O judoca conquistou o vice-campeonato (_______________) (2).	"logo atrás", "substituindo"

ant(i)-(1)(=contra rugas) (2)(= algo dado contra)
ante-(1)(=passaram antes) (2)(=câmara/quarto/recinto antes de outro)
bem-(1)(=que tenha vindo bem...) (2) (=com sucesso)
co(m)-(1)(=lembrar juntas) (2) (= colocar junto)
contra-(1)(de =contradizer) (2) (=contraestar)
de-(1)(=crescente para baixo); (2)(=bateram-se (lutaram) – sobre o assunto – do início ao fim)
extra-(1) (=para fora da Terra); (2) (=vagar/andar fora dos limites)
end(o)-(1)(=olhar para dentro); (2) (=casamento dentro – da tribo ou família)
hip(o)-(1)(= colocação por baixo "para sustentar uma ideia"...); (2)(=pouca temperatura – do corpo)
hiper-(1)(=ativa demais); (2) (=excesso de dosagem)

i(n)-(1)(=não capaz); (2) (=sem poder)
intra-(1)(=dentro do útero); (2) (=dentro da veia); (3) (=dentro do músculo)
intro-(1)(=caminho para dentro); (2) (=olhar para dentro)
mal-(1)(=não entender bem); (2) (=não sentir-se bem)
o(b)-(1)(=colocados na frente); (2)(=colocados na frente, impedindo caminho, obstar)
pos-(1)(=graduação depois (da graduação)); (2) (=deixar para trás)
pre-(1)(=maduro antes); (2) (=ver antes)
pro-(1)(=que "anda" para a frente); (2) (=colocada na frente)
retro-(1)(=para trás); (2) (=que escava para trás)
semi-(1)(=aberto pela metade)
sin/m-(1)(=beber junto); (2) (=sentir junto)
super-(1)(=mercado maior/melhor/mais sortido);
(2) (=exposição por mais tempo do que o habitual)
su(b)-(1)(=alimentadas de menos); (2) (=abaixo da terra)
ultra-(1)(= mais que passados);(2)(=som além do que pode ser ouvido)
vice-(1)(=substituto do síndico); (2)(logo atrás do primeiro colocado)

COMENTÁRIO 9AB

Procure manter esse olhar "por trás" da palavra formada, identificando-a e empregando-a não apenas pelo que ela significa, mas também reconhecendo como ela se forma. Encontre outras palavras compostas com as mesmas partes iniciais e compare-as. Isso é para ser feito com interesse investigativo. Não tem a ver com trabalhar a nossa comunicação em si, mas com entender mais sobre o que temos disponível – as palavras – para realizar a comunicação.

○ PARTES DE PALAVRAS FINAIS

De forma diferente dos dois tipos anteriores, central e inicial, as partes finais fazem duas coisas: além de terem uma sugestão de significado, ainda informam que função a palavra vai desempenhar na frase, ou seja, onde ela se encaixa quando é usada junto com outras palavras, ou ainda onde faz sentido ela aparecer para que a informação que queremos fornecer se encaixe harmoniosamente no todo das palavras e da frase. Tudo isso fazemos sem pensar, intuitivamente, quando falamos um idioma desde pequenos. Sempre colocamos a palavra certa no lugar certo, por mais variações regionais, sociais e culturais que possa haver.

5

O que são radicais, prefixos e sufixos?

Radicais são partes de palavra centrais. Também são chamados de raiz.

Prefixos são partes de palavra iniciais.

Sufixos são partes de palavras finais.

Existem ainda infixos, que aparecem no meio da palavra, e afixos, nome dado a qualquer parte – pode ser uma letra apenas – que se coloque junto da parte central da palavra ou raiz.

-fixo aqui quer dizer "preso, colocado" – são as partes de palavra colocadas no início (pre – antes), no fim (su(b) -"de baixo") e no meio (in-, dentro).

As partes de palavras pertencem ao estudo da morfologia.

○ DETALHANDO AS PARTES DE PALAVRAS FINAIS

VIVÊNCIA 10A

Observe as palavras a seguir, que têm em comum a parte central.
Note que suas partes finais são diferentes entre si. Assinale a resposta certa em cada caso, indicando aquilo que a palavra representa na frase. Usamos as mesmas alternativas da Vivência de consciência de estrutura, para que se observe novamente a relação entre o que a palavra faz na frase e a categoria em que ela está. Observe que as frases estão expressando, de um modo geral, a mesma coisa: a habilidade (de nadar) que o menino tem. E observe que a mudança na parte final da palavra nos exige alterar a forma de organizar as palavras na frase, bem como sua escolha.

parte de palavra central: nad-/nat-
Palavras da Vivência: nadar, nadador, natação

1. O menino sabe **nadar** muito bem. **Nadar** é

( ) uma coisa ou uma pessoa ou um lugar

( ) um fazer – ocupa o mesmo lugar que *faço, fiz, fazem, fizeram*, ... – o que uma coisa ou uma pessoa ou um lugar *faz, fez, fará*, ... ou o que acontece

( ) uma característica de uma coisa ou uma pessoa ou lugar – como é

( ) a maneira como quem ou o que faz ou como algo acontece; como ou onde ou quando faz ou acontece

2. O menino é um excelente **nadador**. **Nadador** é

( ) uma coisa ou uma pessoa ou um lugar

( ) um fazer – ocupa o mesmo lugar que *faço, fiz, fazem, fizeram*, ... – o que uma coisa ou uma pessoa ou um lugar *faz, fez, fará*, ... ou o que acontece

( ) uma característica de uma coisa ou uma pessoa ou lugar – como é

( ) a maneira como quem ou o que faz ou como algo acontece; como ou onde ou quando faz ou acontece

3. O menino pratica **natação** há anos. **Natação** é

( ) uma coisa ou uma pessoa ou um lugar

( ) um fazer – ocupa o mesmo lugar que *faço, fiz, fazem, fizeram*, ... – o que uma coisa ou uma pessoa ou um lugar *faz, fez, fará*, ... ou o que acontece

( ) uma característica de uma coisa ou uma pessoa ou lugar – como é

( ) a maneira como quem ou o que faz ou como algo acontece; como ou onde ou quando faz ou acontece

1 (X) um fazer – ocupa o mesmo lugar que *faço, fiz, fazem, fizeram*, ... – o que uma coisa ou uma pessoa ou um lugar *faz, fez, fará*, ... ou o que acontece;
2 (X) uma coisa ou uma pessoa ou um lugar;
3 (X) uma coisa ou uma pessoa ou um lugar.

COMENTÁRIO 10A

1. "nadar", nad- + -ar, é algo que alguém faz, portanto "um fazer, uma ação desempenhada por alguém". No lugar de "nadar" caberia qualquer outra palavra terminada em -ar, -er ou -ir. A ordem e a intenção nessa parte da frase, que usamos para comunicar uma habilidade, é montada assim "saber fazer o quê?". "Saber nadar", "saber escrever", "saber colorir", etc.
2. nadador, nad- + a + -dor, é uma pessoa. As palavras que terminam em -dor/-tor indicam algo ou alguém que "faz aquilo que vem antes". "Cantor", "pessoa que canta", "limpador", "coisa ou pessoa que limpa", "revisor", "pessoa ou coisa que revisa", etc.
3. O que o menino pratica? "pratica esportes", "pratica judô", "pratica atividades regulares". As palavras que terminam em -ção indicam uma atividade, uma prática: "direção", "aviação", "divagação", etc. Se você achou que a resposta aqui podia ser um *fazer*, é porque está interpretando os nomes das categorias. *Fazer* sempre está em uso no tempo e no espaço: *faço, fiz, faremos, fizeram* ... "Natação" e todas as palavras que terminam em -ção não têm essa versatilidade. No máximo, pode estar em número de um, e terminar em -ção, ou mais que um, e terminar em -ções. Uma prática é, aqui, o mesmo que uma coisa (que o menino faz).

Como mencionado no início da Vivência, nos três casos se mantém a informação sobre a habilidade de nadar do menino, mas por causa da escolha da palavra, mais especificamente, do final da palavra que contém a parte central nad-/nat-, precisamos construir a frase de modos diferentes e com ordem e organização diversas.

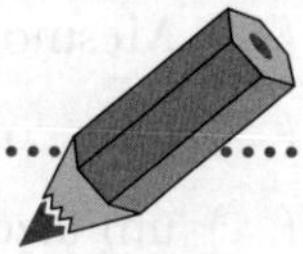

VIVÊNCIA 10B

Exercite-se com mais alguns exemplos.

I parte central: cans-
***Palavras da Vivência:* cansada, cansativo, cansaço, descansei (descansar)**

1. Terminou o dia de trabalho e não estou **cansada**.

( ) uma coisa ou uma pessoa ou um lugar

( ) um fazer – ocupa o mesmo lugar que *faço, fiz, fazem, fizeram*, ... – o que uma coisa ou uma pessoa ou um lugar *faz, fez, fará*, ... ou o que acontece

( ) uma característica de uma coisa ou uma pessoa ou lugar – como é ou está

( ) a maneira como quem ou o que faz ou como algo acontece; como ou onde ou quando faz ou acontece

2. Meu trabalho hoje não foi **cansativo**.

( ) uma coisa ou uma pessoa ou um lugar

( ) um fazer – ocupa o mesmo lugar que *faço, fiz, fazem, fizeram*, ... – o que uma coisa ou uma pessoa ou um lugar *faz, fez, fará*, ... ou o que acontece

( ) uma característica de uma coisa ou uma pessoa ou lugar – como é

( ) a maneira como quem ou o que faz ou como algo acontece; como ou onde ou quando faz ou acontece

3. Trabalhei o dia todo e não sinto **cansaço** algum.

( ) uma coisa ou uma pessoa ou um lugar

( ) um fazer – ocupa o mesmo lugar que *faço, fiz, fazem, fizeram*, ... – o que uma coisa ou uma pessoa ou um lugar *faz, fez, fará*, ... ou o que acontece

( ) uma característica de uma coisa ou uma pessoa ou lugar – como é

( ) a maneira como quem ou o que faz ou como algo acontece; como ou onde ou quando faz ou acontece

4. Mesmo assim **descansei** um pouco. Me sinto bem.
( ) uma coisa ou uma pessoa ou um lugar
( ) um fazer – ocupa o mesmo lugar que *faço, fiz, fazem, fizeram, ...* – o que uma coisa ou uma pessoa ou um lugar *faz, fez, fará, ...* ou o que acontece
( ) uma característica de uma coisa ou uma pessoa ou lugar – como é
( ) a maneira como quem ou o que faz ou como algo acontece; como ou onde ou quando faz ou acontece

II parte central: detalh-
Palavras da Vivência: detalhes, detalhadamente, detalhada

1. Ele descreveu **detalhes** do acidente.
( ) uma coisa ou uma pessoa ou um lugar
( ) um fazer – ocupa o mesmo lugar que *faço, fiz, fazem, fizeram, ...* – o que uma coisa ou uma pessoa ou um lugar *faz, fez, fará, ...* ou o que acontece
( ) uma característica de uma coisa ou uma pessoa ou lugar – como é
( ) a maneira como quem ou o que faz ou como algo acontece; como ou onde ou quando faz ou acontece

2. Ele descreveu o acidente **detalhadamente**.
( ) uma coisa ou uma pessoa ou um lugar
( ) um fazer – ocupa o mesmo lugar que *faço, fiz, fazem, fizeram, ...* – o que uma coisa ou uma pessoa ou um lugar *faz, fez, fará, ...* ou o que acontece
( ) uma característica de uma coisa ou uma pessoa ou lugar – como é
( ) a maneira como quem ou o que faz ou como algo acontece; como ou onde ou quando faz ou acontece

3. Ele fez uma descrição **detalhada** do acidente.
( ) uma coisa ou uma pessoa ou um lugar
( ) um fazer – ocupa o mesmo lugar que *faço, fiz, fazem, fizeram, ...* – o que uma coisa ou uma pessoa ou um lugar *faz, fez, fará, ...* ou o que acontece

( ) uma característica de uma coisa ou uma pessoa ou lugar – como é

( ) a maneira como quem ou o que faz ou como algo acontece; como ou onde ou quando faz ou acontece

III parte de palavra central: rapid-
Palavras da Vivência: rápido, rapidez

1. O menino fez a tarefa **rápido** e foi brincar.

( ) uma coisa ou uma pessoa ou um lugar

( ) um fazer – ocupa o mesmo lugar que *faço, fiz, fazem, fizeram*, ... – o que uma coisa ou uma pessoa ou um lugar *faz, fez, fará*, ... ou o que acontece

( ) uma característica de uma coisa ou uma pessoa ou lugar – como é

( ) a maneira como quem ou o que faz ou como algo acontece; como ou onde ou quando faz ou acontece

2. O menino fez a tarefa com **rapidez** para brincar.

( ) uma coisa ou uma pessoa ou um lugar

( ) um fazer – ocupa o mesmo lugar que *faço, fiz, fazem, fizeram*, ... – o que uma coisa ou uma pessoa ou um lugar *faz, fez, fará*, ... ou o que acontece

( ) uma característica de uma coisa ou uma pessoa ou lugar – como é

( ) a maneira como quem ou o que faz ou como algo acontece; como ou onde ou quando faz ou acontece

I - 1 (x) uma característica de uma coisa ou uma pessoa ou lugar – como é ou está; 2 (x) uma característica de uma coisa ou uma pessoa ou lugar – como é ou está; 3 (x) uma coisa ou uma pessoa ou um lugar; 4 (x) um fazer – ocupa o mesmo lugar que *faço, fiz, fazem, fizeram*, ... – o que uma coisa ou uma pessoa ou um lugar *faz, fez, fará*, ... ou o que acontece.
II - 1 (x) uma coisa ou uma pessoa ou um lugar; 2 (x) a maneira como quem ou o que faz ou como algo acontece; como ou onde ou quando faz ou acontece; 3 (x) uma característica de uma coisa ou uma pessoa ou lugar – como é ou está.
III - 1 (x) a maneira como quem ou o que faz ou como algo acontece; como ou onde ou quando faz ou acontece; 2 (x) uma coisa ou uma pessoa ou um lugar.

COMENTÁRIO 10B

Exatamente como somos nós, seres humanos, nossas ações e pensamentos, as palavras que usamos não são necessariamente simétricas, nem exatas, nem seguem sempre o mesmo padrão de formação. Nem sequer serão muito lógicas! Mas, mesmo assim, temos grandes linhas para seguir, uma via ampla, mas definida, que nos conduz, quando se trata de escolha de palavras e sua função na frase.

A língua nos fornece recursos, que são aqui as possibilidades de terminar as palavras nas formas que melhor se encaixam em determinada parte central, mas isso, quando falamos a língua desde pequenos, dificilmente é uma escolha pensada. Usamos mecanismos mais intuitivos do que racionais, que executamos sem muita ou nenhuma consciência. Assim, podemos ter duas características formadas com *cans-*, *cansada, cansativo*, e saber de antemão que *cansadamente* não funciona bem no mesmo lugar, nem *cansar*, que dirá *descansei*. E podemos ter uma "coisa", uma "maneira" e uma "característica" com *detalh-*, respectivamente, *detalhes, detalhadamente, detalhada* e observar que não costumamos usar *detalhar – detalhei, detalharam, detalhou...* na mesma proporção de uso no nosso dia a dia. Como dissemos antes, a língua não é simétrica e não tem qualquer compromisso de oferecer sempre os mesmos recursos.

É muito importante termos em mente que as partes de palavras finais são apenas uma parte de um domínio muito maior. Nosso uso das palavras só acontece dentro de um contexto, somos falantes numerosos, e tendemos à economia e ao pouco esforço para nos comunicar. O exemplo de *redondo* no lugar de "uma maneira como algo é feito", no comercial de cerveja que foi veiculado por tempo longo o suficiente a ponto de muitos de nós podermos lembrar, é um bom exemplo. Por que dizer *redondamente* se *redondo* é mais fácil e tem o mesmo efeito? Quem se importa, **na prática**

"A cerveja que desce redondo."

comunicativa, com o que diz o dicionário?[26] As línguas vão mudando por uma combinação de diversos fatores onde sem dúvida a economia de esforços tem um papel determinante na escolha do que usar.

Dentro desse grande e maravilhoso sistema linguístico que carregamos conosco e que nos permite um relacionamento com o mundo e com a nossa comunidade de falantes e usuários do idioma, nosso conhecimento intuitivo acerca das partes de palavras finais é um dos itens fundamentais que nos possibilitam saber onde colocar a palavra na frase. Isso pode parecer banal, mas não é. Esse mecanismo está o tempo inteiro em ação e nos permite em frações de segundo, ao infinito e sem pausar, fazer escolhas e gerar significados.

O interessante é que, dentre as escolhas intuitivas que fazemos, embora estejamos operando com significados e palavras diversas e as selecionando dentre centenas de outras, nossas escolhas das palavras ocorrem dentre as 4 categorias de palavras que usamos nas Vivências:

- uma coisa ou uma pessoa ou um lugar
- um fazer – ocupa o mesmo lugar que *faço, fiz, fazem, fizeram*, ... – o que uma coisa ou uma pessoa ou um lugar *faz, fez, fará*, ... ou o que acontece
- uma característica de uma coisa ou uma pessoa ou lugar – como é
- a maneira como quem ou o que faz ou como algo acontece; como ou onde ou quando faz ou acontece

Assim as partes finais nos indicam, via de regra, a qual categoria a palavra pertence.

---

[26] Com relação a sua utilidade como fonte de pesquisa da existência ou não das palavras na língua, o dicionário está sempre logicamente um pouco – ou muito – atrás da comunidade cujas palavras registra. Ou seja, as palavras só vão para o dicionário depois que têm seu uso consagrado entre os falantes. Feita essa ressalva, é usando o dicionário e o recurso da *sinonímia* (palavras de mesmo sentido), bem como o significado de partes de palavras e os seus exemplos de uso, que podemos enriquecer comunicativamente, sem falar, é claro, na pesquisa de significados e tudo que ela pode acrescentar à nossa compreensão e riqueza expressiva.

○ COMO TERMINAM AS PALAVRAS...

Volte nas Vivências anteriores, 10a e 10b, e observe a relação entre as partes de palavras finais e a categoria da(s) palavras(s). Embora estejamos falando de palavras e não de números, que sempre se comportam do mesmo jeito (as palavras, não!), você mesmo(a) pode identificar esse padrão, que aparece aqui e em qualquer outro uso do idioma. Por exemplo, se na Vivência a palavra **nadador** representa "uma coisa ou uma pessoa ou um lugar", observe como o mesmo acontece com palavras do dia a dia como **despertador**, ou **destruidor**, ou **removedor**. Se a palavra **detalhada** em "descrição detalhada" representa "uma característica de uma coisa ou uma pessoa ou lugar – como é", observe como o mesmo acontece com palavras de final igual nos usos "informação **compartilhada**", "cura **diagnosticada**", "redação **digitada**", ... e tantos outros.

Em todos os casos em que usar essas palavras, serão da mesma categoria.[27] Isso quer dizer que, via de regra, em nossa língua o modo como a palavra termina indica a categoria a que ela pertence.

VIVÊNCIA 11

Releia a Vivência 7. Concentre-se nos itens que contêm as partes finais das palavras, os quais já estão reproduzidos abaixo. Assinale a categoria das palavras sublinhadas, no contexto em que aparecem, usando a correspondência a seguir.
O item 1 está respondido, como exemplo.

CO – uma **co**isa ou uma pessoa ou um lugar

FA – um **fa**zer – ocupa o mesmo lugar que *faço, fiz, fazem, fizeram*, ... – o que uma coisa ou uma pessoa ou um lugar *faz, fez, fará*, ... ou o que acontece

CA – uma **ca**racterística de uma coisa ou uma pessoa ou lugar – como é

MA – a **ma**neira como quem ou o que faz ou como algo acontece; como ou onde ou quando faz ou acontece

[27] Levando em consideração o item a seguir, **Mesma parte final, mais de uma categoria.**

	Parte de palavra	Exemplos	Frases	Categoria
1	-ente/ante	pretendente, navegante, atendente	O **pretendente** O **navegante** viu que faltava pouco para chegar onde desejava. O **atendente**	CO
2	-ismo	cristianismo, jornalismo, neologismo	Pode parecer estranho, mas eu encontro inspiração no **cristianismo**. **jornalismo**. **neologismo**.	
3	-izar	batizar, oficializar	E é preciso mesmo muita inspiração para **batizar** **oficializar** uma nova ideia.	
4	-oso	arenoso, esponjoso, perigoso	Cuidado! Esta superfície se apresenta **arenosa**. **esponjosa**. **perigosa**.	
5	-logia	biologia, psicologia, patologia	A experimentação faz parte do estudo da **biologia**. **psicologia**. **patologia**.	
6	-ível/-ável	infalível, amável, incomparável	Seu comportamento aparentemente **infalível** **amável** **incomparável** não deve nos surpreender.	
7	-ário	aviário, berçário, aquário	O espaço aqui no **aviário** **berçário** **aquário** é pequeno demais.	
8	-mente	grosseiramente, imediatamente, laconicamente	O funcionário da loja respondeu **grosseiramente** **imediatamente** **laconicamente** à cliente.	

	Parte de palavra	Exemplos	Frases	Categoria
9	-er	Ler, comer, entender	Você pode executar uma atividade simples, como **entender** / **ler** / **comer** alguma coisa e ainda assim fazer isso com atenção e concentração.	

1. CO	4. CA	7. CO
2. CO	5. CO	8. MA
3. FA	6. CA	9. FA

COMENTÁRIO 11

Observe como, em cada caso, a categoria que você assinala é válida para todas as palavras sublinhadas. Finalmente, observe que, se as palavras podem ocupar o mesmo lugar na frase – e a frase é natural, compreensível – então é porque são da mesma categoria.

○ MESMA PARTE FINAL, MAIS DE UMA CATEGORIA

Às vezes, a mesma palavra está em duas categorias, pois pode ser usada para ocupar dois lugares diferentes – ou ter duas funções. Mas esse padrão também pode ser observado, ou seja, não é aleatório. Veja alguns exemplos.

Um fazer – ocupa o mesmo lugar que *faço, fiz, fazem, fizeram*, ... – o que uma coisa ou uma pessoa ou um lugar *faz, fez, fará*, ... ou o que acontece, que pode estar no lugar de uma coisa ou uma pessoa ou um lugar:

O garoto disse que sabia nadar.
nadar = fazer (o que ele sabe fazer)

Nadar é relaxante.
nadar = uma coisa (uma atividade que é relaxante, o ato de nadar)

Uma característica que é usada também como uma coisa ou uma pessoa ou um lugar:

No inverno passado não fez frio.
passado = característica do inverno (não é o inverno atual, é o passado)

É impossível reviver o passado.
passado = uma coisa (um momento que não existe mais)

Uma característica que é usada também como coisa:

O verde da bandeira representa as matas brasileiras – é isso mesmo?
verde = a cor

A questão é que as matas verdes estão cedendo lugar aos campos negros e esfumaçados, por causa das queimadas.
verde = verdejante, da cor das folhas da maioria das plantas

Ao identificar o papel das palavras na formação da frase, tenha sempre cuidado para não interpretar seu significado. Mantenha o foco na observação de onde se encaixam na frase, de como se relacionam com os outros termos, vizinhos, pois é o uso que mostra a qual categoria a palavra pertence. E como as palavras são dinâmicas (porque são dinâmicas a vida e a comunicação humana, a qual se faz com palavras!), é preciso vê-las em uso para saber sua categoria.

Como terminam as palavras que representam uma coisa ou uma pessoa ou um lugar?

VIVÊNCIA 12

-ada, -ança, -ância, -ção, -ença, -ez(a), -ismo, -mento, ...

-ada
Caminh___, Farof___...

....
Emo___, A___, Cora___...

....
Pres____, Do____, Cr____...

....
Sensat__, Bel___, Natur____...

....
Mud____, Cri____, Esper_____...

....
Nud____, Ego_____, Rac_____...

....
Abund_____, Ambul_____, Circunst______...

....
Casa_____, Nasci______, Conheci______...

-ada: caminhada/farofada
-ança: mudança/criança/esperança
-ância: abundância/ambulância/circunstância
-ção: emoção/ação/coração
-ença: presença/doença/crença
-ez(a): sensatez/beleza/natureza/
-ismo: nudismo/egoísmo/racismo
-mento: casamento/nascimento/conhecimento
...

6

O que é substantivo?

Os substantivos, que também são chamados de nomes, são as palavras que representam uma coisa ou uma pessoa ou um lugar, assim como animais, ideias, e outras palavras que podem ser identificadas da forma como desenvolvemos sua compreensão dessa categoria nas nossas Vivências até aqui.

Também identificamos os substantivos por sua parte de palavra final.

Estudamos os substantivos na morfologia.

7

O que é pronome?

Os pronomes de um modo geral substituem os nomes ou se referem a eles.

Veja mais sobre pronomes e seus tipos em **Marcadores**.

Estudamos os pronomes na morfologia.

Como terminam as palavras que representam uma característica de uma coisa ou uma pessoa ou um lugar – como é?

VIVÊNCIA 13

-al, -ário, -ático, -az, -eno, -ento, -ício, -ico, -il, -ino, -ivo, -onho, -oso, ...

-ático
Problem_____, Matem_____,
Est_____...

....
Geométr___,
Estét____...

....
Anu__, anim__,
Vit__...

....
Vor__, Cap__,
Sag__...

....
Cristal___, Div___,
Fer____...

....
Terr___, Obsc___,
Am____...

....
Aliment____,
Fict_____...

....
Febr__, Fabr__,
An__...

....
Bond___, Carid___,
Gener___, Espaç____...

....
Di____, Ordin____,
Greg____,
Solit_____...

....
Trist___, Ris___,
Med____...

....
Lucrat___, Assert___,
Noc___...

....
Sangr____, Noj____,
Cinz_____...

-al: anual/animal/vital
-ário: diário/ordinário/gregário/solitário/
-ático: problemático/matemático/estático
-az: voraz/capaz/sagaz
-eno: terreno/obsceno/ameno/
-ento: sangrento/nojento/cinzento
-ício: alimentício/fictício
-ico: geométrico/estético
-il: febril/fabril/anil
-ino: cristalino/divino/ferino
-ivo: lucrativo/assertivo/nocivo
-onho: tristonho/risonho/medonho
-oso: bondoso/caridoso/generoso/espaçoso
...

COMENTÁRIO 12/13

Observe que -al (animal, total,...), assim como -ista, -ário, -ente[28], dentre outros finais de palavra, podem formar palavras em mais de uma categoria: aqui também "uma coisa ou uma pessoa ou um lugar", até porque as coisas e suas características muitas vezes "confundem-se". O que informa qual categoria se aplica é o contexto.

8

O que é adjetivo?

Os adjetivos são as palavras que representam uma característica de uma coisa ou uma pessoa ou lugar – como algo ou alguém é, e que podem ser identificadas da forma como desenvolvemos sua compreensão nas Vivências anteriores.

Também identificamos os adjetivos por sua parte de palavra final.

Estudamos os adjetivos na morfologia.

Como terminam as palavras que representam a maneira como quem ou o que faz ou como algo acontece; como ou onde ou quando faz ou acontece?

-mente
claramente
anualmente
geralmente
...

[28] Linguista, pianista (subst.) × folguista, petista (adj.); presidiário (subst.) × necessário (adj.); presidente, servente (subst.) × interessante, maçante (adj.). Em alguns casos, o adjetivo pode funcionar como substantivo e vice-versa.

9

O que é advérbio?

Os advérbios são palavras que representam a maneira como quem ou o que faz ou como algo acontece; como ou onde ou quando faz ou acontece, e que podem ser identificadas da forma como desenvolvemos sua compreensão nas Vivências anteriores.

Os advérbios também servem para modificar um adjetivo, atribuindo a ele um significado adicional ou diferenciado. Por exemplo:

Ele fez o cálculo errado. × *Ele fez o cálculo totalmente errado.*

"Totalmente" indica que, muito provavelmente, tudo tenha de ser recalculado.

A verificação dos itens do estoque é confiável. × *A verificação dos itens do estoque é geralmente confiável.*

"Geralmente" indica que o estoque pode ser, às vezes, mal verificado.

Vamos ver mais alguns exemplos disso em **Marcadores 2**.

Também identificamos os advérbios por sua parte de palavra final, *-mente*, mas há muitos usos de palavras que estão cumprindo o papel de advérbio que não terminam em *-mente*. Por exemplo, *Olha rápido para a estrela cadente! Vem logo comer que o almoço está esfriando.* É preciso ver as palavras vizinhas e entender suas funções também.

Estudamos os advérbios na morfologia.

Como terminam as palavras que representam um fazer – ocupa o mesmo lugar que *faço, fiz, fazem, fizeram*, ... – o que uma coisa ou uma pessoa ou um lugar *faz, fez, fará*, ... ou o que acontece?

1.º diagrama – Quando têm a forma semelhante a "fazer" e nessa forma não informam quem nem quando faz, terminam sempre, necessariamente, em -ar, -er, -ir e -or:

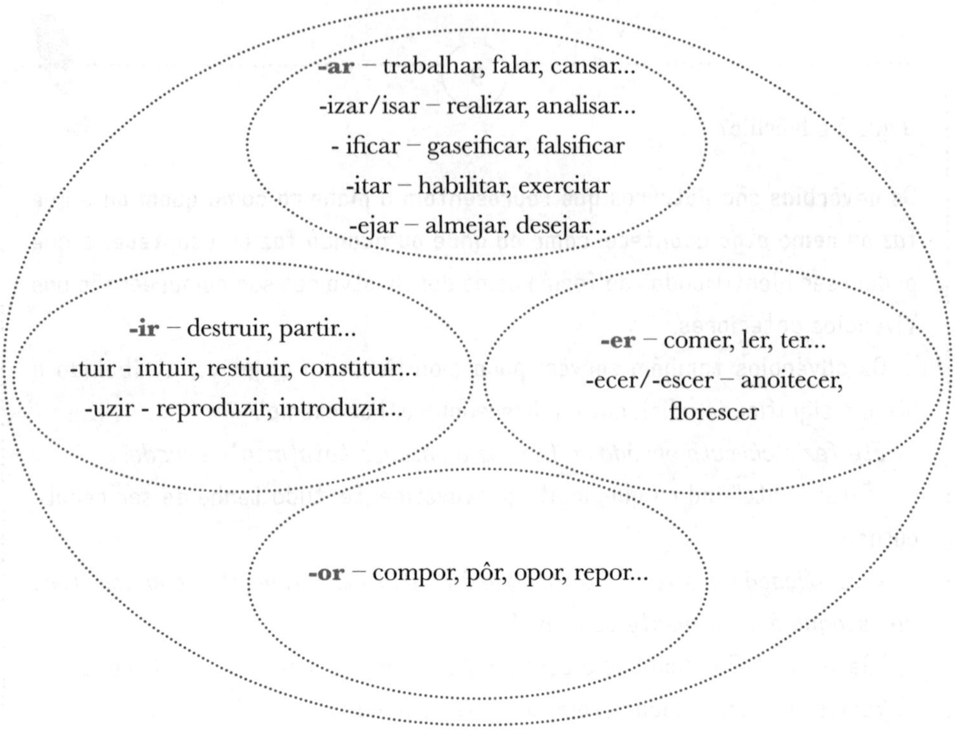

10

O que é verbo?

Longa história essa dos verbos! Para identificá-los, podemos entender que **são as palavras que representam um fazer – ocupam o mesmo lugar que *faço, fiz, fazem, fizeram,* ... – o que uma coisa ou uma pessoa ou um lugar *faz, fez, fará,* ... ou o que acontece.** Normalmente, na forma como os verbos terminam aparece seu traço dinâmico, ou seja, que muda de uso para uso, e que indica **tempo (quando faz ou acontece) e realizador, quem ou o que faz ou acontece (fez, fará, terá feito, está fazendo, aconteceu, acontecerá, está acontecendo...)**. Também são aquelas palavras que podem ser identificadas da forma como desenvolvemos sua compreensão nas Vivências anteriores.

Os verbos têm partes finais típicas, como os substantivos e adjetivos (1.º diagrama), e dinâmicas, apenas para eles (2.º diagrama).

Naturalmente, a parte final dos verbos também serve para identificá-los. Estudamos os verbos, quanto à sua forma, na morfologia. A análise do seu comportamento na frase e em relação a outras palavras é estudada pela sintaxe. O estudo dos verbos também se estende a outras áreas, relacionadas ainda com seu significado (aspecto lexical), a natureza da ação que descrevem (aspecto gramatical), entre outros itens.

2.º diagrama – Quando os verbos informam quem e quando faz, saem os finais -ar, -er, -ir, -or e entram finais dinâmicos, que mudam conforme quem os realiza, a comunicação, o contexto, embora o sentido do "fazer" representado seja o mesmo.

VIVÊNCIA 14

Complete os espaços vazios que estão entre ( ) com as palavras abaixo. O primeiro exemplo está feito para você ver como é.

~~hoje~~ – ontem – nós – se pudesse – eu – de uns tempos para cá – antigamente – amanhã

-o (eu, "**hoje**"): trabalh**o**, com**o**, part**o**,...

-amos/-emos,/-imos (......................, "hoje"): trabalh**amos**, com**emos**, part**imos**,...

-têm + -ado/-ido (eles, "......................"): têm trabalh**ado**, têm com**ido**, têm part**ido**

-estou + -ndo (......................, "agora"): **estou** trabalha**ndo**, **estou** come**ndo**, estou parti**ndo**,...

-ia (eu, você, ele(a), ...): trabalhar**ia**, comer**ia**, partir**ia**

-aram/-eram/-iram (eles, " ...."): trabalh**aram**, com**eram**, part**iram**,..

-ei (eu, "......................"): trabalh**arei**, com**erei**, part**irei**...

-avam/-iam/-iam (eles, "......................"): trabalh**avam**, com**iam**, part**iam**...

-amos/-emos/-imos: nós -têm + -ado/-ido: de uns tempos para cá	-estou + -ndo: eu -ria: se pudesse -aram/-eram/-iram: ontem	-ei: amanhã -avam/-iam/-iam: antigamente

COMENTÁRIO 14

Observe como os verbos são palavras densas, ou seja, que informam muitas coisas – o que se faz, quem faz, quando faz, dentre outros aspectos mais sutis.

11

O que é conjugação? O que é desinência?
O que é verbo regular e irregular?

A conjugação é a forma como combinamos o verbo com finais diversos para que ele esteja adequado à coisa ou pessoa ou lugar que o realiza, informando ainda, como vimos, tempo e modo (indicativo, imperativo, subjuntivo). O final do verbo tem o nome de desinência. É aquela parte final, dinâmica, que muda conforme muda quem realiza o verbo e quando realiza, e se o faz como uma ordem (modo imperativo), uma descrição/relato (uma indicação, modo indicativo) ou um desejo (modo subjuntivo). Veja o boxe 24 **O que é imperativo? O que é indicativo? O que é subjuntivo?**

A conjugação pode também se referir a um grupo de verbos que se comportam de uma maneira determinada, em termos dos seus finais, ou desinências. A conjugação é, em outras palavras, um padrão de comportamento que o verbo segue, por características que ele tem. Em português temos quatro grupos de verbos que terminam em *-ar*, *-er*, *-ir* e *-or*, chamados 1.ª, 2.ª, 3.ª e ... 2.ª conjugação de novo (terminados em *-or*). Os que terminam em -or perderam a vez de ser chamados de 4.ª conjugação, segundo a gramática normativa, e são considerados "uma anomalia da 2.ª conjugação", porque não se comportam do mesmo jeito que os que terminam em *-er*... As conjugações estão indicadas com exemplos no 1.º diagrama.

Os padrões das conjugações funcionam bem para os verbos chamados regulares, ou seja, aqueles que têm sempre a mesma forma, não se apresentando de modo diferenciado ou único em algum tempo ou com algum realizador, ou pessoa (eu, tu, ele/ela, nós, vocês, eles/elas).

O verbo "ir" é irregular, tem suas próprias formas. Use "ir" em alguns casos para ver como ele não segue o padrão dos outros verbos. Faça o mesmo com "dizer", "ser", "ter" ou "saber", por exemplo. São todos irregulares.

Quando uma criança que está em fase de aprender a falar diz "eu sabo" ou "eu di" (de *dar*), ela está tratando um verbo irregular como regular, porque estes últimos ocorrem frequentemente e são, por assim dizer, um terreno mais conhecido e cuja dinâmica de uso é mais fácil de lembrar. Como está adquirindo o conhecimento sobre o uso dos padrões dos verbos, a criança generaliza pelo que é mais comum e frequente.

Por que os irregulares têm suas formas assim únicas e diferenciadas? Porque de um modo geral são "fazeres" antigos, essenciais ou muito usados (como *ser*, *ter* ou *fazer*, por exemplo) e de tanto serem usados, sabe-se lá por quais influências, acabam tendo formas próprias, individualizam-se no mar de atividades expressas na comunicação humana.

Os exemplos usados no 2.º diagrama são todos de verbos regulares (trabalhar, comer, partir). Logicamente, pelo exposto no parágrafo anterior, os regulares são muito mais numerosos do que os irregulares.

12

O que é voz passiva? O que é voz ativa?
O que é agente da passiva?

Com os verbos descrevemos o que fazemos, e o que fazemos provoca uma alteração, grande ou pequena, no mundo a nossa volta. Por exemplo, se comemos um sanduíche, esse alimento no prato a nossa frente desaparece dali e, digerido, se transforma em nutrientes e energia. Quando dizemos "o sanduíche foi digerido", estamos usando a voz passiva, que é nossa forma de destacar o efeito de nossas ações.

Para entendermos bem a voz passiva, vamos começar pelo que significa. Genericamente, "voz" significa "expressão"; especificamente aqui, "voz" é a forma como FAZER se relaciona com o REALIZADOR, que é QUEM ou O QUE que define como o verbo está conjugado, ou seja, com quem ele "combina" (veja também o boxe 20 - **O que é sujeito?**). Será uma relação ativa – em que alguém ou algo FAZ - ou passiva – em que algo É FEITO. Cada uma dessas duas vozes tem uma estrutura específica, ou seja, elementos que a constituem e organizam:

Ativa - *Você entende minha explicação. Você realiza o ato de ler.*
Passiva - *Minha explicação é entendida. Minha explicação tem agora a característica de ser entendida, porque você a entendeu "antes".*

Essa última parte não está dita, mas implícita; alguém, "você", corre os olhos sobre minha explicação – "entende a explicação" - e isso gera um efeito sobre a explicação, que descrevo como ela "ser entendida". "Entendida" é agora uma característica da "minha explicação". Por que é característica? Porque é COMO a explicação é ou está.

Ativa - *Eu listo agora mais um exemplo.*
Passiva – *Mais um exemplo é listado agora.*

Alguém, "eu", lista mais um exemplo, e isso gera um efeito sobre o exemplo, que descrevemos como é "listado". "Listado" é agora uma característica de "mais um exemplo", assim como "claro", "elucidativo", "longo", "insuficiente", que ocupam a mesma posição e respondem à mesma pergunta, COMO algo ou alguém é.

Nem que seja apenas em teoria, para ter voz passiva, para poder dizer que "algo é feito", precisamos partir da voz ativa, "alguém faz algo". Por isso se diz que não formamos voz passiva com verbos intransitivos,[29] pois com eles não temos o PARTICIPANTE do verbo, o "algo", que aliás é chamado de agente da passiva ("Minha explicação" e "Mais um exemplo", acima). O agente da passiva é o que destacamos na mudança de voz – de ativa para passiva. Veja como não funciona o exemplo com "viajar", por ser intransitivo:

ativa - *Ele viajou hoje.*
passiva - ~~Hoje ???? foi viajado???~~ (voz passiva não funciona, não temos ALGO para "ser viajado" hoje..., pelo menos não neste exemplo!)

O tempo da voz passiva aparece na forma em que usamos "ser ou estar", visto que a informação O QUE É ou ESTÁ FEITO, em si, não muda de forma e termina geralmente em –ado, -ido (veja o boxe 13 - **O que é particípio?**, a seguir). Ser e estar e suas formas – é/está, foi/estava, será/estará, etc. – indicam o tempo.

Eu vou compreender isto. Isto vai ser compreendido.

E por que precisamos de voz passiva? Justamente quando queremos destacar o efeito que se produz com FAZER, que é quando ele se transforma em uma característica de uma coisa ou uma pessoa ou um lugar – como é. É o caso de manuais, instruções e orientações em geral, exemplos de comunicações em que não importa tanto quem faz, mas o que é feito.

13

O que é particípio? O que é gerúndio?

Particípio é a forma do verbo que, de modo geral, funciona como uma característica e tem relação direta com a voz passiva. Não tem formas conjugadas para se "combinar" com o realizador – é uma forma fixa que, assim como a maioria das características, indica gênero (masculino e feminino) e número (um ou mais que um) daquilo a que se refere. Por exemplo, os

[29] Veja o boxe 19 – **O que é verbo intransitivo?**

particípios de *fazer, falar* e *corrigir* são, respectivamente, *feito, falado* e *corrigido.* Essa forma responde COMO algo ou alguém é:

coisas feitas

retrato falado

erros corrigidos

Ou compõe tempo com *ter* ou *haver*:

Ela tinha falado sobre os erros na matéria do jornal, mas nós havíamos feito as correções solicitadas. Os índices mencionados na matéria já tinham sido corrigidos.

Solicitado e mencionado também são particípios.

Gerúndio é a forma do verbo que termina em –ndo. Vem de uma forma [*gerundum*] de um verbo em latim a qual quer dizer "que deve ser realizado". Usamos essa forma para compor um tempo com *estar* e assim expressar continuidade – *estou explicando o gerúndio e você está lendo minha explicação* - e também para detalhar/conectar uma informação:

Estou digitando mais uns exemplos: estamos fazendo um livro simplificando termos da gramática, falando de um conhecimento intuitivo da língua, que todos temos.

Sobre significar: além do que já sabemos sobre as palavras que encontramos nos dicionários, vemos que cada parte de palavra tem também o seu significado. Você pode procurar no dicionário uma parte, como -ificar, ou -ecer, ou -mento, ou -oso, e assim por diante, e verá que, de modo geral, essas e outras unidades de significado usadas para formar palavras se formaram a partir do que antes eram palavras comuns, e que seu uso tem um objetivo, além de formativo, informativo, que é justamente o significado que trazem. Quando usamos as palavras, estamos apenas na superfície de um conteúdo de profundidade e riqueza que pode nos auxiliar a entender melhor a nós mesmos e a tudo que nos cerca.

14

O que é classe gramatical?

É o tipo da palavra, sua classificação quanto a sua natureza. A classificação é feita segundo critérios de forma (morfológicos) e função na frase (sintáticos). São classes gramaticais o *substantivo*, o *artigo*, o *numeral*, o *pronome*, o *adjetivo*, o *verbo*, o *advérbio*, a *preposição*, a *conjunção* e a *interjeição*.

II. TIPOS DE PALAVRAS

Existem dois tipos de palavras, que podem ser facilmente reconhecidas de modo intuitivo. Em nossa intuição elas não têm um nome, mas aqui vamos precisar nomeá-las. Vamos chamá-las de:

- palavras de organização, e
- palavras de contexto.

○ PALAVRAS DE ORGANIZAÇÃO

As palavras de organização servem como ligações. Se o texto fosse uma construção, elas seriam a argamassa. Como seu nome diz, elas organizam: a informação, as outras palavras. Todas as palavras informam, é claro, mas algumas delas só aparecem acompanhadas ou relacionadas com outras, necessariamente. Genericamente, essas serão as palavras de organização. Não formam, sozinhas, uma unidade de informação (veremos a seguir o que é unidade de informação). Reconhecê-las é muito fácil, como se demonstra na Vivência a seguir. Defini-las, porém, é algo que exige bastante abstração. São versáteis, e de certa forma se comportam como uma parte de palavra, no sentido de que reconhecemos nelas uma mensagem, mas não tão objetivamente como ocorre com a palavra inteira. Na frase, elas guardam a mesma relação. As palavras de organização são essenciais para deixar as unidades de informação em que aparecem "redondas" e claras, mas formular uma definição para seu sentido não é simples. Fáceis de identificar, o que nos desafia em relação a elas é saber dizer seu papel nas frases em que aparecem.

A diferença principal entre as palavras de organização e as de contexto é que as primeiras, com exceção dos marcadores em determinado uso (veja Vivência e Comentário 27)**, não respondem a perguntas.** Palavras como "mas", "se", "em", "durante", dentre várias outras, organizam a informação, mas via de regra não podem sozinhas informar no sentido de funcionarem como a resposta de uma pergunta, ou ainda de funcionarem como uma unidade de informação completa. **Outra diferença importante é que elas são em número muito inferior às palavras de contexto, mas aparecem em qualquer contexto** onde tenham de fazer a organização específica a que se prestam. Podemos tratar de bioquímica, danças folclóricas ou astronomia e sempre que precisarmos expressar uma ressalva ou oposição, por exemplo, usaremos "mas" e palavras sinônimas (porém, todavia, contudo, no entanto,...). Ou se precisarmos indicar um local ou posição, usaremos "em", e assim por diante. Assim funcionam as palavras de contexto.

Os textos da Vivência proposta a seguir tratam de temas totalmente diversos entre si. Essa escolha de assuntos tão variados tem o propósito de mostrar que a análise que estamos fazendo se presta para uso em qualquer contexto.

VIVÊNCIA 15

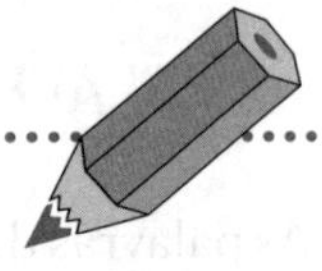

Leia os textos a seguir e marque todas as palavras de organização com um ×. Já estão feitas as primeiras duas linhas de cada texto; basta seguir o exemplo. Com as Vivências anteriores, você já pode saber que substantivos, adjetivos, verbos e advérbios não são palavras de organização, pois representam, como vimos, respectivamente, uma coisa ou uma pessoa ou um lugar, uma característica de uma coisa ou uma pessoa ou lugar – como é, um fazer – ocupa o mesmo lugar que *faço, fiz, fazem, fizeram, ...* – o que uma coisa ou uma pessoa ou um lugar *faz, fez, fará, ...* ou o que acontece, e a maneira como quem ou o que faz ou como algo acontece; como ou onde ou quando faz ou acontece.

TEXTO 1 – TEMA: ECOLOGIA

Desenvolvimento sustentável

O desenvolvimento que procura satisfazer as necessidades da geração atual, sem comprometer a capacidade das gerações futuras de satisfazerem as suas próprias necessidades, significa possibilitar que as pessoas, agora e no futuro, atinjam um nível satisfatório de desenvolvimento social e econômico e de realização humana e cultural, fazendo, ao mesmo tempo, um uso razoável dos recursos da Terra e preservando as espécies e os hábitats naturais.[30]

O – que – as – da – sem – a – das – de – as – suas – que – as – e – no – um – de – e – e – de – e – ao – um – dos – da – e – as – e – os

TEXTO 2 – TEMA: CULINÁRIA

Sorbet de Limão[31] – Ingredientes

2,5 medidas de água; 0,5 medida de açúcar; 0,5 medida de suco de limão espremido na hora.

Preparo: Coloque o açúcar e a água em uma panela até levantar fervura. Abaixe o fogo e deixe cozinhar lentamente por alguns minutos. Você pode cozinhar raspas das cascas dos limões para acentuar o sabor. Deixe a calda obtida resfriar. Adicione o suco de limão. Quando frio, coe o líquido acima em uma tigela de metal (para resfriar mais rápido) no congelador. Quando estiver congelado, bata no liquidificador e volte a congelar. Sirva em copos ou taças resfriadas para retardar o derretimento do *sorbet*.[31]

de – 2,5 – de – 0,5 – de – 0,5 – de – de – na – o – e – a – em – uma – até – o – e – por – alguns – das – dos – para – o – a – o – de – Quando – o – em – uma – de – para – mais – no – Quando – no – e – a – em – ou – para – o – do

[30] Relatório Brundtland também conhecido como Nosso Futuro Comum (*Our Common Future*), publicado em 1987.

[31] http://www.vegetarianismo.com.br/

TEXTO 3 – TEMA: FÍSICA QUÂNTICA

O que é a física quântica?

A mecânica quântica é a teoria física que obtém sucesso no estudo dos sistemas físicos cujas dimensões são próximas ou abaixo da escala atômica, tais como moléculas, átomos, elétrons, prótons e de outras partículas subatômicas, embora também possa descrever fenômenos macroscópicos em diversos casos. (...) A teoria quântica fornece descrições precisas para muitos fenômenos previamente inexplicados, tais como a radiação de corpo negro e as órbitas estáveis do elétron. Apesar de na maioria dos casos a Mecânica Quântica ser relevante para descrever sistemas microscópicos, os seus efeitos específicos não são somente perceptíveis em tal escala. (...)[32]

A – a – que – no – dos – cujas – ou – da – tais como – e – de – outras – embora – em – A – para – muitos – tais como – a – de – e – as – do – Apesar de – na – dos – a – para – os – seus – em – tal

COMENTÁRIO 15

Atenção: em muitos casos em nossa língua, uma palavra de organização é formada a partir da união de outras duas. Ou seja, uma palavra de organização aparentemente única, quando analisada, revela que nela estão presentes duas palavras, e que, portanto, podem ser identificadas separadamente. Veja a Vivência 16. Os dois primeiros itens estão "desmontados" para você ver como é simples o procedimento de identificar essa união de palavras de organização.

[32] http://pt.wikipedia.org/wiki/mecanica_quantica.

VIVÊNCIA 16

Complete:

da = *de + a*	pelo = *por + o*	numa =	no =
nas =	da =	nos =	dessa =
naquela =	àquela =	nuns =	pros =

da = de+a; pelo = por+o; numa = em+uma; no = em+o; nas = em+as; da = de+a; nos = em+os; dessa = de+essa; naquela = em+aquela; àquela = a+aquela; nuns= em+uns; pros = para+os

COMENTÁRIO 16

Essa separação é importante para quando analisarmos os três tipos de palavras de organização que existem nesta gramática intuitiva. Há vários outros casos de palavras de organização que se unem em nossa língua.

○ PALAVRAS DE ORGANIZAÇÃO E AS CATEGORIAS

Observe como as **palavras de organização,** tipicamente, não têm como ser enquadradas nas categorias que vimos explorando:

- uma coisa ou uma pessoa ou um lugar,
- uma característica de uma coisa ou uma pessoa ou lugar – como é,
- um fazer – ocupa o mesmo lugar que *faço, fiz, fazem, fizeram*, ... – o que uma coisa ou uma pessoa ou um lugar *faz, fez, fará*, ... ou o que acontece, e
- a maneira como quem ou o que faz ou como algo acontece; como ou onde ou quando faz ou acontece.

Observe como as palavras de organização que você assinalou nos três parágrafos da Vivência **indicam**

localização,

duração,

formas de unir as ideias,

determinação,

dentre muitos outros aspectos.

Essas indicações são feitas por mecanismos sutis, que nos fogem quando queremos colocá-los em palavras, dizer o que eles fazem. Acontecem o tempo todo, pois já vimos que as palavras de organização estão presentes nas mais diversas mensagens, e são frequentemente repetidas sem qualquer consciência de nossa parte. Por isso são tão sutis, e por isso nos fogem – mais do que as outras, de contexto – na hora de estabelecermos claramente seu significado ou função. Se não refletirmos um pouco – ou muito – a respeito das palavras de organização, justamente por causa da sua frequência – e portanto utilidade – podemos subavaliar sua importância em nosso processo de tomada de consciência de como usamos as palavras.

○ O QUE FAZEM AS PALAVRAS DE ORGANIZAÇÃO

As palavras de organização são nossas grandes aliadas naquela forte tendência que temos para a economia de esforços no expressar. Elas são como "abreviações" – *formas breves, rápidas* – do que queremos dizer, "abreviações" que todos dominam.

Exemplo: a palavra "um", como em "vi um amigo", se for explicada, se traduzirá na compreensão de que se trata de "amigo inespecífico, amigo qualquer". Se, contudo, disser que vi "o amigo" e quiser explicar (em vez de simplesmente usar a palavra "o"), diria algo como "vi amigo de que falei antes, amigo que corresponde a seu conhecimento de amigo que eu menciono", o que soa como uma maluquice, mas é exatamente o papel da palavrinha "o" nesse caso: tornar esse tal amigo específico e conhecido – ou rapidamente a conhecer, se houver uma continuação da frase com "que": "vi o amigo que estava em meu sonho na noite passada", ou "vi o amigo que você conheceu no aniversário da fulana". E assim por diante.

Note que a economia comunicativa que as palavras de organização permitem é descomunal. No exemplo acima: "o" (amigo) = *amigo que corresponde a seu conhecimento a respeito de amigo que eu menciono,* observe a quantidade de palavras de cada lado do sinal de igual (=)!

As palavras de organização são formas de abreviar e sintetizar sempre do mesmo jeito, codificado, uma informação – e por causa dessa abreviação, desse encurtamento e dessa síntese, (re)comunicam uma informação que nos chega sutilmente, e sobre a qual mal paramos para pensar, a exemplo dos casos de "um" e "o" aí em cima. Usamos essas palavrinhas a cada momento, com toda a precisão.

O que mostra o poder de síntese das palavras de organização é justamente o fato de precisarmos de muitas palavras (muitas mesmo!) para explicar o papel que desempenham. Para ilustrar esse ponto, veja os exemplos e detalhamentos do item **formas de unir as ideias**, logo abaixo. Observe a seguir exemplos de algumas outras indicações. Não é para decorar, apenas refletir! Voltaremos às palavras de organização e seu tipo mais adiante.

em, abaixo de, ... – LOCALIZAÇÃO (NO TEMPO, NO ESPAÇO)

Frases de exemplo:

- possibilitar que as pessoas, agora **e no futuro**, atinjam um nível satisfatório
- Quando estiver congelado, bata **no liquidificador**
- sucesso no estudo dos sistemas físicos cujas dimensões são próximas ou **abaixo da escala atômica**

até, por, ... – DURAÇÃO

Frases de exemplo:

- Coloque o açúcar e a água em uma panela **até levantar fervura**
- deixe cozinhar lentamente **por alguns minutos**

cujo(a)(s), tal(is) como, embora,.. – FORMAS DE UNIR AS IDEIAS

Frases de exemplo:

- A mecânica quântica é a teoria física que obtém sucesso no estudo dos sistemas físicos **cujas**[33] dimensões são próximas ou abaixo da escala atômica, ...
- **tais como**[34] moléculas, átomos, elétrons, prótons e de outras partículas subatômicas, ...
- **embora**[35] também possa descrever fenômenos macroscópicos em diversos casos

a(s), sua(s), o(s), ... – DETERMINAÇÃO

Frases de exemplo:

- **a** capacidade d**as** gerações futuras de satisfazerem **as suas** próprias necessidades
- Coloque **o** açúcar

muito(a)(s),... – QUANTIDADE

Frase de exemplo:

- fornece descrições precisas para **muitos** fenômenos

Independentemente do contexto ou do tema de que estamos tratando, atente como as palavras de organização sempre têm a mesma função ou conjunto de funções. Por isso escolhemos assuntos tão diversos entre si – ecologia, culinária e física quântica – para mostrar que **as palavras de organização,** muitas vezes exatamente as mesmas, **estão em operação o tempo todo em qualquer contexto da língua**, e que seu conhecimento – saber operar com elas, fazer escolhas sobre elas e julgar sua adequação, mesmo no nível de sutileza relacionado

---

33 *pertence/abrevia/substitui* – as dimensões são dos sistemas físicos/ as dimensões são próximas da escala atômica.

34 *exemplifica* – as dimensões em questão aqui são aquelas das moléculas, dos átomos, elétrons, etc.

35 *opõe/contrasta* – a mecânica quântica tem sucesso nos estudos dos sistemas de dimensões muito pequenas; a mecânica quântica não se limita a isso, pode também descrever fenômenos macroscópicos...

a pensar sobre seus significados – é essencial. É preciso ter em mente que parar e refletir sobre o que fazem as palavras quando as usamos – das mais banais às mais sofisticadas – nos dá maior autonomia, amplia as nossas escolhas para seu uso, e nos torna usuários mais conscientes. Se você pensar que passa o dia inteiro usando as palavras para se comunicar e se relacionar com o mundo, vale a pena a reflexão. Um item que distingue o trabalho proposto neste livro é a reflexão sobre os usos das palavras, enquanto são feitos e caso a caso, e não pinçando a palavra e dissecando-a, sem vida (ou seja, sem um contexto e um uso específico onde ela "respira e existe").

Porque, é bom repetir, as palavras são dinâmicas. Embora tenhamos os usos repetidos e comuns, também temos as aplicações novas e inéditas. Isso ocorre em diferentes graus de profundidade, criatividade ou até estranhamento. A boa notícia é que, com os conhecimentos intuitivos que todos temos, sempre temos também toda a condição para entender – e realizar! – o uso dinâmico ou diferenciado de uma palavra em nossa comunidade. E essa condição, ou capacidade, pode expandir-se com os insumos (o contato enriquecedor com o idioma, como a leitura, por exemplo), a reflexão e a experimentação.

○ PALAVRAS DE CONTEXTO

As palavras de contexto são aquelas representadas por nossas já conhecidas quatro categorias. Diferentes[36] das palavras de organização, existem na medida em que precisamos identificar ou nomear algo em um contexto ou área de nosso conhecimento, ou simplesmente da nossa comunicação cotidiana. São "criadas por nós", podem vir de outras línguas, podem estar em uso em um grupo reduzido e por conta de algum acontecimento passarem a ser usadas por uma grande quantidade de pessoas. Ou podem ter vida muito curta, servindo para representar um fato ou evento muito efêmero, ou ainda um vida "medíocre", representando sempre a mesma coisa sem muita margem para que inventemos novos usos. Alguns exemplos são os nomes lançados em planos econômicos que não duraram (alguém ainda usa a palavra cruzado?[37]) ou fenômenos naturais que perduraram pelo tem-

[36] Este é um uso dinâmico de "diferentes"; pois seria esperado o uso de "diferentemente" em seu lugar...

[37] Nome da moeda nacional brasileira, de 1986 a 1989.

po dos seus efeitos, como o furacão Katrina, que colocou Nova Orleans debaixo d'água, e o vulcão Eyjafjallajökull, que interrompeu o tráfego aéreo na Europa.

Outro exemplo que me ocorre para ilustrar esse enriquecimento, ou ainda esse ir e vir (melhor seria dizer vir e ir, porque assim como passam a ser usadas, as palavras também entram em desuso) é o da *portabilidade*. Quando a Anatel determinou que poderíamos ter o mesmo número de telefone celular em outra operadora, por um tempo se falou muito em *portabilidade*. Era uma palavra que descrevia todo o processo, e que não estava em uso antes – pelo menos não na intensidade de uso que assumiu quando o assunto era debatido nos meios de comunicação. Outro exemplo é o *impostômetro*, para marcar quanto a população paga de impostos. Vi também *pedagiômetro*, indicando os gastos com pedágios. São alguns dentre vários exemplos.

Fica fácil entender, então, que as palavras de contexto são muito mais numerosas do que as de organização, e que estão sempre em expansão – basta termos um novo assunto, ou uma nova nuance sobre um assunto antigo, ou uma descoberta da ciência para a qual nossa experiência com a realidade ainda não tinha produzido palavra ou, enfim, individualmente até, um momento em que estamos inspirados e construímos uma nova palavra para expressar alguma coisa do nosso jeito. É muito provável que essa nova palavra seja uma palavra de contexto.

Assim, embora descrevam de fato e potencialmente quantidades infinitas de fenômenos, situações, fazeres, características, maneiras, enfim, embora tudo que existe e que está por existir tenha ou vá precisar ter um nome, um *chamar*, essas palavras que passarão a existir provavelmente serão palavras de contexto e vão se enquadrar nas nossas categorias:

- uma coisa ou uma pessoa ou um lugar,
- uma característica de uma coisa ou uma pessoa ou lugar – como é,
- um fazer – ocupa o mesmo lugar que *faço, fiz, fazem, fizeram, ...* – o que uma coisa ou uma pessoa ou um lugar *faz, fez, fará, ...* ou o que acontece
- a maneira como quem ou o que faz ou como algo acontece; como ou onde ou quando faz ou acontece.

Sempre levando em consideração o contexto do uso em cada caso, vamos ver as categorias funcionando novamente na prática, com palavras da Vivência anterior?

○ TEXTO 1 – TEMA: ECOLOGIA

Desenvolvimento sustentável

O desenvolvimento que procura satisfazer as necessidades da geração atual, sem comprometer a capacidade das gerações futuras de satisfazerem as suas próprias necessidades, significa possibilitar que as pessoas, agora e no futuro, atinjam um nível satisfatório de desenvolvimento social e econômico e de realização humana e cultural, fazendo, ao mesmo tempo, um uso razoável dos recursos da Terra e preservando as espécies e os hábitats naturais.

TEMA 1 – ECOLOGIA

uma coisa ou uma pessoa ou um lugar	um fazer – ocupa o mesmo lugar que *faço, fiz, fazem, fizeram, ...* – o que uma coisa ou uma pessoa ou um lugar *faz, fez, fará, ...* ou o que acontece	uma característica de uma coisa ou uma pessoa ou um lugar – como é	a maneira como quem ou o que faz ou como algo acontece; como ou onde ou quando faz ou acontece
Desenvolvimento(2)	procura satisfazer	atual	agora
Necessidades (2)	comprometer	futuras	
Geração; gerações	satisfazerem	próprias	
Capacidade	significa	satisfatório	
Comprometer[38]	atinjam	social	
Possibilitar			
Pessoas	fazendo	econômico	
Futuro	preservando	humana	
Nível		cultural	
Realização		mesmo	
Tempo		razoável	
Uso		naturais	
Recursos			
Terra			
Espécies			
Hábitats			

[38] "Comprometer" e "possibilitar", aqui, são o ato de comprometer e o ato de possibilitar, pois não estão associados a ninguém, terminam em -er e -ar (e não em -o, eu possibilito, ou em -amos, nós possibilitamos, e tantas outras terminações que indicam a pessoa que faz... o fazer.) e não estão junto com outros FAZER O QUE que justifiquem que apareçam no infinitivo – poder comprometer, ou dever possibilitar, por exemplo.

15

O que é infinitivo?

É uma forma do verbo. Em português, as formas que terminam em -ar, -er, -ir e -or são as infinitivas. Nessa forma o verbo não está em uso para indicar um tempo ou O QUÊ ou QUEM o realiza. Ao dizer "falei", por exemplo, sabemos que quem realiza "falar" é "eu" e que isso ocorre no passado. Já "falar", sem essas indicações, é a forma infinitiva. A palavra "infinitivo", neste caso, representa "o que não está definido" para uso de O QUÊ ou QUEM nem indica QUANDO, que aparece na forma do verbo para indicar presente, passado, futuro, como no caso de *-ei*, em *falei*, que indica passado, *-ara*, em *falara* (o mesmo que tinha *falado*) que indica o passado do passado, etc.

VIVÊNCIA 17

Com base no exemplo fornecido com a tabela acima, exercite seu conhecimento intuitivo das categorias das palavras nos outros dois parágrafos, sobre culinária e física quântica. Eles estão repetidos a seguir, acima de cada tabela que você vai preencher.

○ TEXTO 2 – TEMA: CULINÁRIA

Sorbet de limão – Ingredientes

2,5 medidas de água; 0,5 medida de açúcar; 0,5 medida de suco de limão espremido na hora.

Preparo: Coloque o açúcar e a água em uma panela até levantar fervura. Abaixe o fogo e deixe cozinhar lentamente por alguns minutos. Você pode cozinhar raspas das cascas dos limões para acentuar o sabor. Deixe a calda obtida resfriar.

Adicione o suco de limão. Quando frio, coe o líquido acima em uma tigela de metal (para resfriar mais rápido) no congelador. Quando estiver congelado, bata no liquidificador e volte a congelar. Sirva em copos ou taças resfriadas para retardar o derretimento do *sorbet*.

TEMA 2 – CULINÁRIA

uma coisa ou uma pessoa ou um lugar	um fazer – ocupa o mesmo lugar que *faço, fiz, fazem, fizeram, ...* – o que uma coisa ou uma pessoa ou um lugar *faz, fez, fará, ...* ou o que acontece	uma característica de uma coisa ou uma pessoa ou lugar – como é	a maneira como quem ou o que faz ou como algo acontece; como ou onde ou quando faz ou acontece

Uma coisa ou uma pessoa ou um lugar: Medidas; medida(2); Água (2); Suco (3) Limão (3); limões; Hora; Panela; Fervura; Fogo; Minutos; Você; Raspas; Cascas; Sabor; Calda; Líquido; Tigela; Metal; Congelador; Liquidificador; Copos; Taças; Derretimento; *Sorbet.*

Um fazer – ocupa o mesmo lugar que faço, fiz, fazem, fizeram, ... – o que uma coisa ou uma pessoa ou um lugar faz, fez, fará, ... ou o que acontece: Coloque; levantar; Abaixe; deixe cozinhar; pode cozinhar; acentuar; Deixe (...) resfriar; Adicione; coe; resfriar; tiver; bata; volte; congelar; Sirva; retardar.

Uma característica de uma coisa ou uma pessoa ou lugar – como é: espremido; obtida; frio; congelado; resfriadas.

A maneira como quem ou o que faz ou como algo acontece; como ou onde ou quando faz ou acontece: Lentamente; rápido.

○ TEXTO 3 – TEMA: FÍSICA QUÂNTICA

A mecânica quântica é a teoria física que obtém sucesso no estudo dos sistemas físicos cujas dimensões são próximas ou abaixo da escala atômica, tais como moléculas, átomos, elétrons, prótons e de outras partículas subatômicas, embora também possa descrever fenômenos macroscópicos em diversos casos. (...) A teoria quântica fornece descrições precisas para muitos fenômenos previamente inexplicados, tais como a radiação de corpo negro e as órbitas estáveis do elétron. Apesar de na maioria dos casos a Mecânica Quântica ser relevante para descrever sistemas microscópicos, os seus efeitos específicos não são somente perceptíveis em tal escala. (...)

TEMA 3 – FÍSICA QUÂNTICA

uma coisa ou uma pessoa ou um lugar	um fazer – ocupa o mesmo lugar que *faço, fiz, fazem, fizeram, ...* – o que uma coisa ou uma pessoa ou um lugar *faz, fez, fará, ...* ou o que acontece	uma característica de uma coisa ou uma pessoa ou um lugar – como é	a maneira como quem ou o que faz ou como algo acontece; como ou onde ou quando faz ou acontece

uma coisa ou uma pessoa ou um lugar	um fazer – ocupa o mesmo lugar que *faço, fiz, fazem, fizeram, ...* – o que uma coisa ou uma pessoa ou um lugar *faz, fez, fará, ...* ou o que acontece	uma característica de uma coisa ou uma pessoa ou um lugar – como é	a maneira como quem ou o que faz ou como algo acontece; como ou onde ou quando faz ou acontece

Uma coisa ou uma pessoa ou um lugar: Mecânica (2); teoria (2); Sucesso; estudo; Sistemas (2); dimensões; escala (2); moléculas; átomos; elétrons; prótons; partículas; fenômenos (2); casos (2); descrições; radiação; corpo; órbitas; elétron; maioria; efeitos (2).

Um fazer – ocupa o mesmo lugar que faço, fiz, fazem, fizeram, ... – o que uma coisa ou uma pessoa ou um lugar faz, fez, fará, ... ou o que acontece: obtém; possa; descrever (2); fornece; ser; são.

Uma característica de uma coisa ou uma pessoa ou lugar – como é: quântica(3); física; físicos; próximas; atômica; subatômicas; macroscópicos; diversos; precisas; inexplicados; negro; estáveis; relevante; microscópicos; específicos; perceptíveis.

A maneira como quem ou o que faz ou como algo acontece; como ou onde ou quando faz ou acontece: também; previamente; não; abaixo; somente.

COMENTÁRIO 17

Você deve ter percebido que, agrupando as palavras assim, uma a uma, até obtemos um bom apanhado dos termos usados em um determinado contexto, o que nos possibilita analisá-los quanto à frequência e à intensidade de uso, por exemplo. Porém acabamos fazendo algumas classificações tolas, como a inclusão de "hora" na primeira coluna do contexto de culinária, por exemplo, pois "hora", onde ocorre ali, só faz sentido dentro da expressão "na hora", e fica fora de contexto quando tratada de forma isolada. O mesmo pode ser observado em nosso parágrafo sobre física quântica, que contém a expressão "na maioria dos casos", pois "casos" e "maioria" não têm relação com coisa alguma quando separados. "Mesmo" e "tempo", em "ao mesmo tempo", no parágrafo sobre ecologia, é ainda outro caso. Mas como o nosso foco é sobre as palavras isoladas, não poderia ser diferente.

A classificação por categoria de palavra de contexto nos serve quando queremos olhar para a escolha geral das palavras ou conceitos que foram usados em determinado texto ou fala, e até mesmo refletir sobre as partes de palavras finais e as outras, assunto que já tratamos anteriormente. Mas mesmo somando essas aplicações, temos a limitação das palavras abordadas uma a uma. Não estamos olhando para as frases.

Entretanto, tendo a frase, e não a palavra, em perspectiva, podemos dar um passo importante em nosso mapeamento dos mecanismos intuitivos que empregamos: separar a informação em partes para análise, reflexão e escolhas, levando em consideração o que está sendo informado e não as palavras isoladamente. Em muitos casos, isso pode exigir que agrupemos palavras. Para tanto, **precisamos levar em conta a razão de ser das palavras, o seu significado, no contexto em que aparecem, pois é isso que justifica seu uso e indica sua função**. Com a análise que faremos a seguir também nos aproximaremos mais de uma abordagem que nos permite com facilidade criticar nossa produção, sobretudo escrita, do ponto de vista da clareza com que construímos nossas frases.

Veremos a seguir outro conceito importante desta gramática intuitiva: a unidade de informação. A unidade de informação pode envolver palavras de organização e de contexto como aparecem relacionadas entre si quando nos comunicamos, pois uma unidade de informação, como o nome indica, se identifica pelo que ela informa, combinando para isso as palavras que forem necessárias; pode ser formada de uma ou várias palavras. A unidade de informação se aproxima mais ainda de nosso uso intuitivo do que as palavras isoladas, pois a preocupação ao identificá-las não é agrupar ou não as palavras, e sim destacar a(s) palavra(s) que respondem às perguntas mais simples que podemos fazer, voltadas para identificar o que estamos comunicando, passo a passo, em nossa comunicação, em nossas frases.

III. UNIDADES DE INFORMAÇÃO E PERGUNTAS

Para entendermos as unidades de informação, vamos retomar mais uma vez as categorias com as quais já trabalhamos e avançar a partir delas, agora fazendo perguntas.

Veremos que as perguntas guardam uma relação com as categorias, e que essa relação é mais de organização do que de sentido estrito. Isso ficará claro com as Vivências a seguir. Vamos nos afastar daquilo que as palavras fazem isoladamente na frase para identificar aquilo que elas comunicam, considerando a sua ordem e organização na formação da frase, a qual por sua vez se mantém em relação com as nossas já conhecidas categorias. Por exemplo, uma maneira de fazer as coisas terá sempre a ver com a parte da frase que expressa esse fazer, o verbo, mesmo que não seja exatamente a maneira, em si, que estejamos comunicando: pode ser um momento (conversar "hoje", "até o final do dia", "em uma semana", ...) , ou um espaço (esperar "aqui", "entre colunas", "durante a consulta", ...) ou um motivo ou finalidade (estudar "para aprender", ...) . Do mesmo modo, uma característica terá sempre a ver com uma coisa, mesmo que não seja exatamente uma característica da forma como normalmente a compreendemos: veja, por exemplo, a expressão "a cadeira no canto da sala". Você não concluiria naturalmente que "no canto" é característica da cadeira nem que "da sala" é característica do canto; pensaria, talvez, que são sua localização ou descrição. Porém, para organizar essas informações, do ponto de vista das relações entre as palavras, grupos de palavras e seus significados, podemos facilmente entendê-las como sendo as características de "cadeira" e "canto", respectivamente. Esse assunto é tratado em detalhe no item **Localizadores**.

VIVÊNCIA 18

Como você agruparia as perguntas da coluna da direita de acordo com as categorias? Pense sobre respostas usuais para as perguntas apresentadas. Por exemplo, a pergunta QUEM? indaga sobre uma pessoa, independentemente de contexto. A pergunta FAZ O QUÊ? indaga sobre um fazer, um verbo, e assim por diante. Com as respostas em mente, relacione as colunas numerando a da direita conforme a numeração de 1 a 4, que esta à esquerda. Confira suas respostas na tabela fornecida mais abaixo.

1. Uma coisa ou uma pessoa ou um lugar. **2.** Um fazer – ocupa o mesmo lugar que *faço, fiz, fazem, fizeram*, ... – o que uma coisa ou uma pessoa ou um lugar *faz, fez, fará*, ... ou o que acontece. **3.** Uma característica de uma coisa ou uma pessoa ou lugar – como é. **4.** A maneira como quem ou o que faz ou como algo acontece; como ou onde ou quando faz ou acontece.	( ) FICA FAZENDO O QUÊ? ( ) QUEM? ( ) PODE FAZER O QUÊ? ( ) QUANDO? ( ) ONDE? ( ) QUAL? ( ) QUANTO TEMPO? ( ) DE QUEM? ( ) O QUÊ? ( ) COM QUE FREQUÊNCIA? ...

1. Quem? / O quê? / Qual?;
2. Fica fazendo o quê? / Pode fazer o quê?;
3. De quem?; Qual?;
4. Quando? / Onde? / Com que frequência? / Quanto tempo?

Palavras para perguntas básicas:

O QUÊ?	A: **O que** você não entendeu? B: Eu não entendi **a lógica da explicação**.
QUEM?	A: **Quem** não entendeu a lógica da explicação? B: **Eu** não entendi a lógica da explicação.

QUAL?	A: **Qual** lógica você não entendeu? B: Eu não entendi a lógica **da explicação**.
COMO?	A: Eu fiquei com dificuldade na hora de aplicar isso no meu texto. B: **Como** você ficou? A: **Com dificuldade**.
QUANDO?	A: **Quando** você ficou com dificuldade? B: **Na hora de aplicar** isso.
ONDE?	A: **Onde** você ficou com dificuldade? B: **No meu texto**.
...	Então volte e releia... :-)

16

O que é pronome interrogativo e relativo?

São palavras para fazer perguntas das quais a resposta tem relação com O QUÊ (uma coisa, ou uma pessoa ou um lugar, pro-nome = "no lugar do nome"). São tanto as perguntas que iniciam com essas palavras e terminam com ponto de interrogação, chamadas diretas (1), quanto as mencionadas dentro de frases com outras informações, chamadas indiretas (2):

(1) Quantos anos você tem afinal? / Qual o nome do porquinho-da-índia do seu filho? / ...

(2) A autora quer saber quantos anos você tem. / Estamos perguntando qual o nome do porquinho-da-índia do seu filho. / ...

Os pronomes interrogativos são *quanto/a(s), qual(ais), que e quem.*

Os pronomes relativos se referem a O QUE (uma coisa, ou uma pessoa ou um lugar, pro-nome = "no lugar do nome") mencionados antes na frase.

São os interrogativos acima mais ***cujo/a(s).***

Como vimos e nos é tão natural, temos também combinações de palavras de organização e contexto com palavras para perguntas:

DE QUEM?	A: **De quem** é o texto? B: **Meu.**
COM QUE FREQUÊNCIA?	B: Eu **sempre** fico meio atrapalhado quando lido com português. A: **Com que frequência** você fica atrapalhado?
QUANTO TEMPO?	B: Eu fico **horas** pensando. A: **Quanto tempo** você fica pensando?
FAZENDO O QUÊ?	A: Você fica horas **fazendo o quê**? B: **Pensando.**
...	...

Veja abaixo uma relação genérica entre categorias e perguntas. E veja que podemos formular muitas perguntas mais além das exemplificadas aqui.

uma coisa ou uma pessoa ou um lugar	um fazer – ocupa o mesmo lugar que *faço, fiz, fazem, fizeram, ...* – o que uma coisa ou uma pessoa ou um lugar *faz, fez, fará, ...* ou o que acontece	uma característica de uma coisa ou uma pessoa ou lugar – como é	a maneira como quem ou o que faz ou como algo acontece; como ou onde ou quando faz ou acontece
O QUÊ? QUEM? QUAL (O QUÊ?)? ...	FAZ O QUÊ? FICA FAZENDO O QUÊ? PODE FAZER O QUÊ? FARÁ O QUÊ? ...	DE QUEM? COMO (É/ ESTÁ)? DE QUE TIPO? ...	COMO (FAZ)? QUANDO? ONDE? COM QUE FREQUÊNCIA? QUANTO TEMPO? ...

COMENTÁRIO 18

Lembre-se: agora não estamos mais limitados a pensar em palavras isoladas, como fizemos antes, e sim no conteúdo daquilo que estamos analisando. Nesse sentido, nossa tendência natural, intuitiva, poderá ser de "recortar" todo um trecho e fazer uma pergunta, para buscar a informação que esse trecho fornece.

ESCLARECIMENTO SOBRE A PERGUNTA FAZER O QUÊ?

FICA FAZENDO O QUÊ? , PODE FAZER O QUÊ?, FARÁ O QUÊ?, FAZ O QUÊ?, ...

Como vimos no item **Como terminam as palavras que representam um fazer** (...), além de indicar o que fazemos, ou nossa *ação* (e falta uma palavra melhor do que "ação" para descrever essa unidade de informação) o verbo – o "FAZER O QUE" – informa simultaneamente:

um tempo: ontem, amanhã, agora, rotineiramente, ... e

um "quem/o que": "faz" informa que é ele/a, todo o dia, "fizeram", eles/elas, ontem, no passado, "farei", eu, amanhã, no futuro,... e assim por diante.

O uso de FAZER + O QUE para representar, substituir e identificar a unidade de informação que representa e inclui o verbo na frase atende à busca dessas três informações:

QUEM – informado através da forma como conjugamos "fazer"

QUANDO – informado através do tempo em que "fazer" é usado e

O QUE é essa atividade, em que consiste esse "fazer". FAZER O QUÊ? Ler, estudar, insistir, passear, digitar, escrever, viajar, presentear, ...

Portanto, fazer essa pergunta nos leva até o verbo e ajuda a

- identificar seu tempo – ao substituir a unidade de informação pela pergunta correspondente, naturalmente[39] usamos FAZER do modo como o verbo está sendo usado

[39] Exemplos: Estou lendo este texto. ESTOU FAZENDO O QUÊ? Ele vai revelar os segredos da humanidade. Ele VAI FAZER O QUE (com) os segredos da humanidade? Pintaram tudo da mesma cor. FIZERAM O QUE (com) tudo da mesma cor? Para tornar natural a pergunta, inserimos "com", mas as perguntas são para facilitar a análise e seu foco é informar FAZER O QUE, QUEM, QUANDO – tudo através da própria pergunta (porque o verbo informa essas três coisas, a "pessoa" o tempo e em que consiste a atividade que ele descreve).

- identificar quem o realiza e,
- identificar em que consiste a atividade representada nessa unidade de informação.

VIVÊNCIA 19

Tendo em mente que não estamos mais limitados a pensar em palavras isoladas, e sim no conteúdo do que está sendo informado – e na forma como os conteúdos se combinam entre si dentro da frase, vamos usar perguntas para recortar trechos da receita do *sorbet*. Continuaremos também usando nossa análise para demonstrar o que significam os termos da gramática normativa.

Frase 1: Coloque o açúcar e a água em uma panela até levantar fervura.

Separando a frase para visualizar e buscar as unidades de informação que a compõem, temos:

	uma coisa ou uma pessoa ou um lugar	um fazer – ocupa o mesmo lugar que *faço, fiz, fazem, fizeram, ...* – o que uma coisa ou uma pessoa ou um lugar *faz, fez, fará, ...* ou o que acontece	uma característica de uma coisa ou uma pessoa ou um lugar – como é	a maneira como quem ou o que faz ou como algo acontece; como ou onde ou quando faz ou acontece
	o açúcar e a água	Coloque	-	até levantar fervura
PERGUNTA	**O QUÊ?** (participante[40])	**FAÇA O QUÊ?**		**(ATÉ) QUANDO?**
				em uma panela
PERGUNTA	**-**	**-**	-	**ONDE?**

[40] Veja o boxe 17 – **O que é objeto?**

17

O que é objeto?

"Objeto" são normalmente as coisas e as pessoas (e lugares, animais, conceitos, sentimentos, etc) mencionadas na frase em relação com FAZER O QUE, não como executores de FAZER O QUE, mas como sua parte: pois ou se modificam ou recebem os efeitos ou "permitem" que FAZER se concretize. Para achar o objeto, em geral temos de buscar as unidades de informação que respondem à pergunta O QUÊ ou QUEM e ver, através do FAZER, qual a unidade de informação que responde a essa pergunta participando dela (não a executando).

O objeto geralmente está na unidade de informação que responde à pergunta O QUÊ ou QUEM?.[41] Participa em FAZER, como ocorre acima com "o açúcar e a água", que participa em "colocar – coloque". Como assim?

Eu escrevo esta explicação.

O que participa em ESCREVER? "esta explicação" – esta explicação = objeto

Você lê o texto.

O que participa em LER? "o texto" – o texto = objeto

Eu explico o significado de objeto.

Complete: O que participa em EXPLICAR? ________

Resposta: O significado de objeto.

[41] Por que temos duas perguntas para o mesmo tipo de unidade de informação? Criamos palavras para usos frequentes – nesse esforço, não poderíamos deixar a nós mesmos de fora! QUEM é, assim, uma pergunta específica para a informação "pessoa(s)". No espanhol, como curiosidade, temos QUIEN, e sua forma plural, QUIENES. Assim, nossa língua e muitas outras têm uma palavra para pergunta particular para tratar de nós, seus falantes .

18

O que é verbo transitivo?

Verbo transitivo é FAZER O QUÊ? com participante, ou objeto, como visto acima. Exemplos, no boxe anterior, são "colocar", "escrever", "ler", "explicar", usados nas explicações em que indicamos seus objetos. Veja mais sobre verbos transitivos e sobre quando são **diretos** ou **indiretos** em **Localizadores.**

Objeto e verbo transitivo são tema de estudo da sintaxe.

19

O que é verbo intransitivo?

Há frases sem participante, porque há coisas que realizamos sem "modificar ou atingir ou concretizar" QUEM? ou O QUÊ?. Nesses casos, o verbo pode se concretizar com perguntas que fornecem outras informações, como ONDE ou QUANDO, por exemplo.

Viajarão pela América do Sul. QUEM "FARÁ O QUE"/VIAJARÁ ONDE?

Eu saí ontem. QUEM "FEZ O QUÊ?"/SAÍ QUANDO?

Verbo intransitivo é portanto FAZER O QUÊ? que não tem participante, ou não tem objeto. Podem vir na frase unidades de informação que respondem às perguntas genéricas ONDE? ou QUANDO? ou COMO?, mas não QUEM ou O QUÊ? na posição de participante. Exemplos clássicos são "viajar", "ir", "pular", verbos que têm movimento, e que se relacionam com informações de lugar e que respondem à pergunta ONDE? e outras da mesma área informativa referente ao espaço em que as coisas acontecem. Verbos como "morrer", "viver", "partir" também são exemplos. Mas o contexto diz tudo, e diz por último, porque existem casos de usos, principalmente poéticos e criativos, onde intransitivos ganham seus participantes. Veja como fica "morrer", um intransitivo clássico, em um uso poético transitivo direto e indireto...: "Morro-me a velha eu."

FAÇO QUÊ? morro

FAÇO O QUÊ? morro-me (= morro para mim)

O QUÊ? [a velha eu] = extinguir a antiga identidade...

Verbo intransitivo também é tema da sintaxe.

VIVÊNCIA 19 (CONTINUAÇÃO)

Na Frase 2, a seguir, complete com as unidades de informação que correspondem às perguntas abaixo das linhas em branco, sempre retirando-as da frase dada acima da tabela. Na frase 3, escreva as perguntas correspondentes.

Frase 2: Abaixe o fogo e deixe cozinhar lentamente por alguns minutos.

uma coisa ou uma pessoa ou um lugar	um fazer – ocupa o mesmo lugar que *faço, fiz, fazem, fizeram*, ... – o que uma coisa ou uma pessoa ou um lugar *faz, fez, fará*, ... ou o que acontece	uma característica de uma coisa ou uma pessoa ou lugar – como é	a maneira como quem ou o que faz ou como algo acontece; como ou onde ou quando faz ou acontece
(1) ____________ **O QUÊ?**	(2) ____________ **FAÇA O QUÊ?**	–	(4) ____________ **COMO?**
	(3) ____________ **DEIXE FAZER/ ACONTECER O QUÊ?**	–	(5) ____________ **QUANTO TEMPO?**

e = une ideias de mesmo tipo (unidades de informação da mesma categoria (veja Conectores).

(1) o fogo O QUÊ?	(2) Abaixe FAÇA O QUÊ? (3) deixe cozinhar DEIXE FAZER/ACONTE-CER O QUÊ?	(4) lentamente COMO? (5) por alguns minutos QUANTO TEMPO?

Frase 3: Você pode cozinhar raspas das cascas dos limões para acentuar o sabor.

uma coisa ou uma pessoa ou um lugar	um fazer – ocupa o mesmo lugar que *faço, fiz, fazem, fizeram, ...* – o que uma coisa ou uma pessoa ou um lugar *faz, fez, fará, ...* ou o que acontece	uma característica de uma coisa ou uma pessoa ou lugar – como é	a maneira como quem ou o que faz ou como algo acontece; como ou onde ou quando faz ou acontece
Você (1) __________	pode cozinhar (3) __________	das cascas (4) __________	para acentuar o sabor (6) __________
raspas (2) __________		dos limões (5) __________	

Você (1) QUEM? raspas (2) O QUÊ?	pode cozinhar (3) PODE FAZER O QUÊ?	das cascas (4) DE QUÊ?/ COMO são as raspas? dos limões (5) DE QUÊ?/COMO são as cascas?	para acentuar o sabor (6) PARA QUÊ? COM QUE FINALIDADE?

20

O que é sujeito?

O sujeito normalmente está na unidade de informação que responde à pergunta O QUÊ ou QUEM?. O sujeito realiza o FAZER.

Eu escrevo esta explicação.

Quem escreve? Quem realiza ESCREVER? "Eu". Eu = sujeito.

Você lê o texto.

Quem lê? Quem realiza LER? "Você". Você = sujeito.

Eu explico o significado da palavra.

Quem realiza EXPLICAR? ______

Resposta: eu.

Na Frase 3, com a pergunta "QUEM pode cozinhar raspas das cascas...?" descobrimos que o sujeito é <u>você.</u> Perguntando O QUE ou QUEM + FAZER O QUÊ? ou aqui, especificamente, QUEM PODE COZINHAR? chegamos no realizador de PODE COZINHAR, o sujeito, "você".

"Sujeito" são em geral as coisas e as pessoas (e lugares, animais, etc) que executam o que faz, o que acontece.

Sujeito é tema da sintaxe.

21

O que é oração sem sujeito ou sujeito inexistente?

É quando a unidade de informação que responde à pergunta O QUÊ ou QUEM? FAZ O QUÊ? não existe na frase nem se sabe qual ela é pelo contexto, pois nem a frase exige que aquele espaço seja preenchido nem é uma informação necessária para entendermos FAZER O QUÊ e as demais unidades. A _________ abaixo é o vazio do sujeito:

_________Está chovendo.

_________Tem coisas simples de explicar.

_________Faz tempo que a gente não se vê.

22

O que é pronome pessoal?

Também se chama **pronome pessoal do caso reto**. É *pessoal* porque em geral assume um lugar na frase em que realiza FAZER, como sujeito. E *reto* porque, na herança de gramáticas de línguas clássicas, e tentando visualizar uma relação gráfica entre as unidades de informação QUEM/O QUE e FAZER O QUE, QUEM/O QUE se relaciona de forma direta – reta – com FAZER O QUE, ou seja, não se modifica por ocupar um lugar na frase onde é afetado por outras funções, como "o", em "eu o vejo". Acontece que vimos muitos usos do tipo " Eu vejo ele", o que faz com que esse nome *reto* fique meio sem explicação... Enfim, são as palavras:

eu – você, tu – ele/ela – nós – vocês – eles

Em alguns casos substituem a unidade de informação que responde à pergunta O QUÊ? ou QUEM?, que apareceu antes, ou que está dita pelo contexto:

Leitores gostam de explicações. Eles não aceitam bem um conteúdo sem sequência.

eles = leitores

A casa ao lado tem problemas estruturais. Ela pode cair a qualquer momento!

Ela = a casa ao lado

Esses pronomes também representam quem comunica – eu –, e com quem comunica – você, tu; vocês – e sobre quem comunica – ele/ela; eles.

Tema da morfologia.

COMENTÁRIO 19

As perguntas permitem detalhamentos, particularidades e recortes que o uso de apenas as quatro categorias não permite, mesmo que na origem – ou, como visto, na ordenação e organização dos termos – as funções das palavras e das unidades de informação que identificamos estejam sempre associadas a uma das quatro categorias existentes.

VIVÊNCIA 20

Com base no que foi feito anteriormente, exercite a identificação[42] das unidades de informação e/ou das perguntas nas frases restantes da receita. Complete onde houver uma lacuna sinalizada com ________. Você já deve ter percebido que é quando atuamos – mexemos, recortamos, separamos – as partes das frases, e não apenas quando lemos a respeito delas e do modo como analisá-las, que obtemos uma compreensão mais sólida e duradoura, e é só esse tipo de compreensão que nos leva à seguinte (e sempre há uma compreensão seguinte, não só na gramática...).

Deixe a calda obtida resfriar.

uma coisa ou uma pessoa ou um lugar	um fazer – ocupa o mesmo lugar que *faço, fiz, fazem, fizeram,...* – o que uma coisa ou uma pessoa ou um lugar *faz, fez, fará, ...* ou o que acontece	uma característica de uma coisa ou uma pessoa ou lugar – como é	a maneira como quem ou o que faz ou como algo acontece; como ou onde ou quando faz ou acontece
(1) ________ **O QUÊ?**	(2) ________ **FAÇA O QUÊ?**	obtida (3) ________	-

(1) a calda	(2) Deixe ... resfriar	obtida	-
O QUÊ?	FAÇA O QUÊ?	(3) QUAL? COMO é a calda?	

[42] Tendo dito que as palavras são dinâmicas e que essa compreensão envolve pensar dinamicamente sobre sua função, caso a caso, pode ocorrer alguma discordância de classificação ao longo da leitura. Desde que as categorias sejam as mesmas, com uma pequena margem para sobrepor as características e as coisas, pois elas realmente se confundem em alguns casos (as coisas são como parecem!!) e as maneiras e as características, porque às vezes são de fato até mesmo expressas com as mesmas palavras ("intervalo rápido" e "dirigir rápido", por exemplo). Assim, uma característica de uma coisa ou uma pessoa ou lugar – como algo é – pode ser entendida como a maneira como algo é feito, mas não como um fazer, uma ação desempenhada por alguém, por exemplo.

Adicione o suco de limão.

uma coisa ou uma pessoa ou um lugar	um fazer – ocupa o mesmo lugar que *faço, fiz, fazem, fizeram, ...* – o que uma coisa ou uma pessoa ou um lugar *faz, fez, fará, ...* ou o que acontece	uma característica de uma coisa ou uma pessoa ou um lugar – como é	a maneira como quem ou o que faz ou como algo acontece; como ou onde ou quando faz ou acontece
(1) ________ **O QUÊ?**	(2) ________ **FAÇA O QUÊ?**	de limão (3) ________	

(1) o suco	(2) Adicione	de limão
O QUÊ?	FAÇA O QUÊ?	(3) DE QUÊ? COMO é o suco?

Quando frio, coe o líquido acima em uma tigela de metal (para resfriar mais rápido) no congelador.

uma coisa ou uma pessoa ou um lugar	um fazer – ocupa o mesmo lugar que *faço, fiz, fazem, fizeram, ...* – o que uma coisa ou uma pessoa ou um lugar *faz, fez, fará, ...* ou o que acontece	uma característica de uma coisa ou uma pessoa ou lugar – como é	a maneira como quem ou o que faz ou como algo acontece; como ou onde ou quando faz ou acontece
(1) ________ **O QUÊ?**	(2) ________ **FAÇA O QUÊ?**	frio (3) ________	(5) ________ **COE ONDE?**

	(4) ________ **QUAL LÍQUIDO?**	[para resfriar mais rápido] no congelador **COE COM QUE FINALIDADE?/ONDE?**

Quando = une ideias estabelecendo um momento em que faz ou acontece (veja Conectores).

(1) o líquido O QUÊ?	(2) coe FAÇA O QUÊ?	(3) frio COMO? (4) Acima QUAL LÍQUIDO?	em uma tigela de metal (5) COE ONDE? [para resfriar mais rápido] no congelador COE COM QUE FINALIDADE?

Quando estiver congelado, bata no liquidificador e volte a congelar.

uma coisa ou uma pessoa ou um lugar	um fazer / um acontecer / um ser ou estar – o que uma coisa ou uma pessoa ou um lugar faz ou o que acontece ou o que é	uma característica de uma coisa ou uma pessoa ou lugar – como é	a maneira como quem ou o que faz ou como algo acontece; como ou onde ou quando faz ou acontece
-	Estiver Bata (1) ________ (2) ________ **VOLTE A FAZER O QUÊ?**	(3) ________ **COMO?**	(4) ________ **ONDE?**

Quando = une ideias estabelecendo um momento em que faz ou acontece (veja Conectores).

Estiver
Sem pergunta (veja o boxe 23 – O que é verbo de ligação? a seguir)
Bata
(1) FAÇA O QUÊ?
(2) volte a congelar
VOLTE A FAZER O QUÊ?
(3) congelado
COMO?
(4) no liquidificador
ONDE?

23

O que é verbo de ligação ou copulativo?

Verbo de ligação é aquele que une uma unidade de informação a outra, sendo elas geralmente O QUÊ? ou QUEM? e COMO? No exemplo acima, "líquido" e "congelado", respectivamente.

O verbo de ligação não representa um FAZER propriamente dito. Posso dizer "o verbo de ligação é muito simples" e retirar "é" e temos "o verbo de ligação muito simples" – e ainda assim dá para entender o que essas unidades de informação significam (expressam a simplicidade do verbo de ligação). Dá para entender, sim, mas pela forma como construímos nossas frases está justamente faltando... a ligação, no caso, "é". A ausência do verbo não muda o sentido, mas não atende à maneira como estruturamos nossas frases em português.

"Ser" é verbo de ligação, e por isso a pergunta FAZER O QUÊ? não funciona bem para identificá-lo. Realmente, "ser" não é "fazer". "Estar" tampouco.

Estiver, em "Quando estiver congelado, bata no liquidificador e volte a congelar", é o verbo de ligação "estar" no futuro do subjuntivo, 3.ª pessoa do singular.

Os verbos de ligação são classicamente **ser, estar, ficar, andar** (não no sentido de movimentar as pernas para se deslocar, e sim no sentido de parecer, "Fulano anda estranho ultimamente, não fala com ninguém."), **permanecer, continuar, parecer**. Mas se o sentido do verbo indicar estado (aparente, permanente, de mudança de um estado a outro), ele vai funcionar como verbo de ligação, mesmo que não apareça em listas desses verbos.

Os verbos de ligação também são chamados de **copulativos**. "Cópula" significa "união, ligação".

Identificamos o verbo de ligação porque ele tem comportamento de verbo e portanto responde, com sua conjugação e forma, às perguntas QUEM? e QUANDO? veja **Esclarecimento sobre a pergunta FAZER O QUÊ?** p. 127.

Mas como ele não descreve um FAZER, uma atividade propriamente, a pergunta FAZER O QUÊ? não corresponde exatamente à unidade de informação que ele ocupa. Se incluímos o predicativo (veja o boxe 25 — **O que é predicativo?**, ou a característica que ele liga, torna-se mais lógico. "Quando estiver...", ESTIVER COMO?

Sirva em copos ou taças resfriadas para retardar o derretimento do *sorbet*.

uma coisa ou uma pessoa ou um lugar	um fazer – ocupa o mesmo lugar que *faço, fiz, fazem, fizeram, ...* – o que uma coisa ou uma pessoa ou um lugar *faz, fez, fará, ...* ou o que acontece	uma característica de uma coisa ou uma pessoa ou lugar – como é	a maneira como quem ou o que faz ou como algo acontece; como ou onde ou quando faz ou acontece
	(1) ____________ **FAÇA O QUÊ?**		em copos ou taças resfriadas (2) ____________ (3) ____________ (4) ____________

Quando = une ideias estabelecendo um momento em que faz ou acontece (veja **Conectores**).

(1) Sirva
FAÇA O QUÊ?
em copos ou taças resfriadas
(2) ONDE?
(3) para retardar o derretimento do *sorbet*
(4) PARA QUÊ? COM QUE FINALIDADE?

Nas duas últimas frases da receita não anotamos O QUÊ? porque essa unidade de informação não aparece nelas, mas evidentemente está implícita no contexto e se refere a "o líquido".

Muito importante! As frases do contexto de culinária das últimas **Vivências da Língua** não foram selecionadas ao acaso. Elas são estruturadas de uma forma que se presta muito bem para nossa demonstração da **Ferramenta de Perguntas:** são curtas, simples e diretas. Em outros contextos a análise pode ser mais trabalhosa, e exigir mais "penso". Precisamos ter em mente, contudo, a compreensão já realizada até aqui de que partes da frase correspondem a categorias e também a unidades de informação, e que podemos identificar as unidades de informação com perguntas do nosso dia a dia, que todos conhecemos e usamos.

COMENTÁRIO 20

- Sobre "uma coisa ou uma pessoa ou um lugar": se você se sente tentado(a) a classificar [congelador] ou [liquidificador], por exemplo, como "onde?", reflita a partir dos seguintes exemplos: *São Paulo oferece muitas opções gastronômicas*. Estamos falando da cidade de São Paulo, que aqui está tendo a função de "uma coisa ou uma pessoa ou um lugar", O QUE, e do que a cidade *faz – oferece*, e não daquilo que fazemos nela. Para expressar o que fazemos em São Paulo, teríamos de usar outra construção e falar, por exemplo, assim: *Em São Paulo temos muitas opções gastronômicas*. A pergunta para o trecho sublinhado no primeiro exemplo será, naturalmente: O QUE/QUAL CIDADE oferece muitas opções gastronômicas? São Paulo. A pergunta para o segundo exemplo é: ONDE temos muitas opções gastronômicas? Em São Paulo. No primeiro caso, São Paulo é "uma coisa ou uma pessoa ou um lugar". No segundo caso, olhando para como a frase está construída, São Paulo está dentro de uma unidade de informação que responde à pergunta ONDE? Em exemplos posteriores, e à medida que avançamos em nossa análise, isso fica claro, até mesmo pela necessidade de palavras com "em", "a", etc. antes do nome dos lugares para que sejam unidades de informação que respondem à pergunta ONDE?, e a ausência dessas palavras, para que sejam unidades de informação que respondem à pergunta O QUÊ?.

- uma **unidade de informação** pode ser composta de apenas uma **palavra**. A diferença entre "palavra" e "unidade de informação" é que a unidade de informação está dentro de uma frase, responde a uma pergunta e está aplicada em algum uso, uma comunicação, dentro de um contexto.
- porque as características das coisas, pessoas, lugares, etc. se referem indiretamente a esses últimos – podemos achar que a pergunta para uma característica será O QUÊ? No uso que cotidianamente fazemos das palavras pode até ser, mas na gramática intuitiva, para não misturar, é bom nos acostumarmos a indagar sobre características com a pergunta COMO? para fins de análise. Isso quer dizer que, quando estivermos usando uma palavra ou duas, essa distinção quase não faz diferença, mas fará quando tivermos um conector e várias unidades de informação combinadas, assim:

Precisamos fazer os pagamentos **atrasados**.

pagamentos COMO? "atrasados"

Precisamos fazer os pagamentos **que esquecemos de quitar em dia**

pagamentos COMO? "que esquecemos de quitar em dia"

- Nossas perguntas têm a finalidade de análise. Servem para identificar o tipo de informação que trazem ("que esquecemos de quitar em dia" nos informa sobre os "pagamentos"...).

24

O que é imperativo? O que é indicativo? O que é subjuntivo?

A pergunta FAÇA O QUÊ?, que aparece várias vezes nas Vivências das frases da receita de *sorbet*, indica o uso do imperativo. Usamos essa forma quando damos uma ordem diretamente a alguém ou formulamos uma instrução. Pode ser ainda um convite, ou um chamado, ou um pedido. O popular "Desculpe" é o imperativo de *desculpar* (= retirar a culpa).

O imperativo também está em FAÇAMOS O QUÊ?, pergunta feita a nós, representando convites, pedidos, chamados dirigidos ao grupo em que nos incluímos, como "Vamos!" "Busquemos a felicidade nas pequenas coisas!", e assim por diante. São usos bem mais restritos, porque em geral combinamos o "vamos" com o que convidamos a fazer, e temos VAMOS FAZER O QUÊ?. Usos como "Vamos comer!", "Vamos ver!" no lugar de "Comamos!", "Vejamos!" são mais naturais e frequentes. Em geral um imperativo vem marcado com um !.

O **imperativo** é um dos três modos que existem na língua portuguesa. Os outros são indicativo e subjuntivo.

O **indicativo** concentra a grande maioria dos usos que fazemos dos verbos, pois com esse modo indicamos – relatamos – o que fazemos. Esta frase e a anterior, bem como o parágrafo antes deste e a vasta maioria das frases deste livro estão no indicativo.

O outro modo é o **subjuntivo**, que expressa um desejo e incertezas relacionadas a FAZER O QUE no futuro, o que queremos que aconteça ("aconteça" é uma forma de *acontecer* no subjuntivo). O subjuntivo de um modo geral é marcado com "que": "Que tenhamos paz na Terra". *Tenhamos* é a forma de ter no subjuntivo da 1.ª pessoa do plural; "que" está ali para mostrar que é um desejo de alguém. Desejamos que exista (subjuntivo de existir para a 3.ª pessoa no presente) paz na Terra. Assim *seja* (subjuntivo de ser para a 3.ª pessoa no presente).

A consideração dos modos é um assunto da sintaxe.

SOBRE IDENTIFICAR O INÍCIO E O FIM DE UMA UNIDADE DE INFORMAÇÃO

Novamente, ao unirmos a classificação de partes da frase com aquilo que elas informam, temos de somar o sentido à organização, à construção, à estrutura da frase, e considerar ambos, classificação (estrutura) e sentido em nossa análise (reveja o item **Conhecimento intuitivo de estrutura** p. 48 se você precisar se recordar do que estamos falando aqui).

Temos agora duas ajudas adicionais:

- as palavras de organização e sua posição que auxilia no "recorte" e identificação do limite entre as unidades de informação, e
- as perguntas – na verdade, suas respostas - , que serão detalhadas a seguir e consistem em um item chave da nossa gramática intuitiva.

MAIS SOBRE PERGUNTAS

Vamos entender um pouco mais como as perguntas nos ajudam a analisar intuitiva e construtivamente uma frase determinando suas unidades de informação. Que tipos de pergunta podemos fazer?

VIVÊNCIA 21

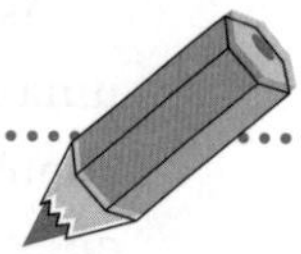

Assinale com um X as perguntas a seguir que podem ser transformadas em afirmações ou negações sem que seja preciso acrescentar qualquer informação ou palavra a elas. Ou seja, assinale aquelas frases em que basta trocar a pontuação, de interrogação para afirmação ou reticências ou exclamação, para que deixem de ser perguntas.

1. ( ) Eles vêm?

2. ( ) Quantos anos você tem?

3. ( ) Você gosta de pensar sobre as coisas?

4. ( ) O que está escrito aqui?

5. ( ) Como é a decoração de sua casa?

6. ( ) Quando chega o pessoal?

7. ( ) Alguém tem a resposta sobre a razão de viver?

8. ( ) Não podemos assoviar e chupar cana ao mesmo tempo?

(1) Eles vêm! Eles vêm... Eles vêm. (3) Você gosta de pensar sobre as coisas. (7) Alguém tem a resposta sobre a razão de viver! (8) Não podemos assoviar e chupar cana ao mesmo tempo.

COMENTÁRIO 21

Pense em respostas possíveis para todas essas perguntas. Observe como as perguntas indicadas na Chave vão ter, basicamente, apenas duas possibilidades de resposta, do ponto de vista de como estão construídas.[43] Ao "duvidarmos", temos tradicionalmente como resposta "sim" ou "não" – ou até "talvez" e similares ("pode ser", "quem sabe"...), mas nada além disso, porque a *dúvida* é, *em princípio*, uma busca de confirmação ou de negação.

As demais perguntas da Vivência, as que você não assinalou, buscam uma nova informação como resposta – **algo que não está na frase**. Elas contêm **palavras usadas especificamente para buscar informações** de vários tipos.[44]

[43] Não vamos entrar no terreno em que, em dado contexto, afirmações podem ser compreendidas como perguntas, como ironia, e assim por diante. Tendo em mente que estamos tratando do recurso em si e não do uso interpretado em contexto das tantas variações que ele viabiliza – perguntar sabendo a resposta, perguntar como forma de afirmar, e assim por diante – quando fazemos perguntas existem duas grandes possibilidades de organizar sua formulação: "duvidar" (afirmar ou negar usando um ponto de interrogação) ou "buscar informação específica" (usar palavras para perguntas – quando, onde, quem, o que, etc.).

[44] Elas também podem funcionar como palavras de organização que unem ideias, ou conjuntos de unidades de informação; veja o boxe 16 – **O que é pronome interrogativo e relativo** e o boxe 47 – **O que é conjunção?**

Ao buscarmos uma informação específica, uma unidade de informação específica, estamos fazendo perguntas abertas. E, como vimos, para essas perguntas as respostas são, pela lógica, uma informação diferente de *sim* e *não* e similares, como *talvez*, *pode ser*, *quem sabe*, ...

Podemos ainda entender as informações que buscamos através da pergunta que usamos como uma forma de classificação, um "nome fácil de lembrar". Pois, se perguntamos ONDE?, sabemos que nossa indagação é sobre um **lugar** onde fazemos alguma coisa ou é ou está alguma coisa; se perguntamos QUEM?, sabemos que é sobre uma **pessoa**, e assim por diante – só não sabemos, é claro, o lugar específico, a pessoa específica e a particularidade de determinado contexto. Mas o fato é que as perguntas também podem funcionar como formas de classificar a informação ou, usando o termo que criamos aqui, a unidade de informação da frase.

Sinalizamos o que queremos saber através da(s) palavra(s) para pergunta específica(s) que empregamos, e que via de regra contém as palavras básicas para as perguntas O QUÊ?, QUANDO?, COMO?, ... Quando a informação é dada, ela costuma caber no lugar da palavra para a pergunta que estamos usando.

As palavras para pergunta funcionam, portanto, como um curinga, uma informação genérica que aponta para o tipo de informação que estamos buscando. **Quando a informação que buscamos está disponível, ela é inserida na frase e a completa. Assim, não temos mais a pergunta, porque a unidade de informação que estava faltando foi fornecida. É simples: as perguntas abertas, e não aquelas que têm "sim" e "não" e similares como resposta, representam a unidade de informação, ao mesmo tempo em que as unidades de informação respondem às perguntas. Como as perguntas têm relação com as categorias básicas, as perguntas são uma forma simples e acessível a todos nós – porque todos nós sabemos usá-las – de analisar a construção de uma frase e separar os elementos que a compõem.**

○ MAIS SOBRE UNIDADES DE INFORMAÇÃO

Vamos continuar identificando as unidades de informação, agora usando os outros parágrafos com que vimos trabalhando. Analisaremos primeiro aquele sobre a mecânica quântica e em seguida, aquele sobre desenvolvimento sustentável, nesta ordem. Nesses textos, vamos precisar inserir trechos subentendidos, desdobrar e repetir unidades, para que a organização dos trechos – ou frases separadas – fique clara. Nossa análise vai se concentrar nos trechos que estão no parágrafo, indicados com sublinha; os trechos entre ( ) servem para manter lógica aquela porção de texto ao destacá-la do todo do parágrafo. Essa Vivência deve ajudar o(a) leitor(a) a ser mais crítico(a) em relação à própria escrita, pois mostra que o texto que conseguimos desmontar e analisar com perguntas será aquele escrito de forma clara, lógica. O contrário também é verdadeiro, de forma que o uso da Ferramenta de Perguntas pode funcionar como um gabarito acessível para avaliar clareza e lógica frasal.

Visualize os trechos destacados como partes desencaixadas de um todo. As palavras enxertadas (acrescentadas para manter a lógica e a condição do trecho a ser lido, que estão entre parênteses), você pode entender como preenchimentos para transformar essa parte em um todo independente. Se fossem imagens:[45]

PARÁGRAFO OU FRASE LONGA INTEIRA

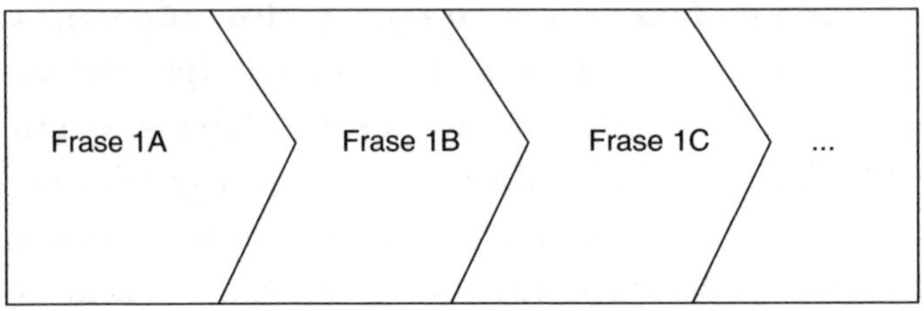

[45] Já foi dito aqui que somos muito econômicos em nossa comunicação, evitando repetir o que já foi mencionado e o que estiver claro pelo contexto. Assim, quando analisadas, nossas frases mais longas podem se parecer com o retângulo que representa a frase inteira, sendo composto de partes que dependem umas das outras para formar um todo. Imagine que nossa imagem, para ser entendida, tenha sempre de ter quatro lados e ângulos retos. Ao retirar um trecho dela, ela pode precisar de contexto, "de cantos", para se tornar completa e atender à forma da imagem que entendemos. As unidades de informação que acrescentamos são "os cantos", que estão no contexto da frase inteira mas não no recorte de suas partes.

TRECHO OU FRASE MENOR RETIRADA DO TODO

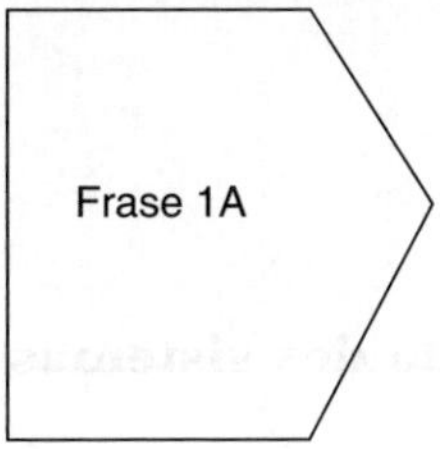

PALAVRAS ACRESCENTADAS PARA MANTER A LÓGICA E FORMAR UMA FRASE COMPLETA

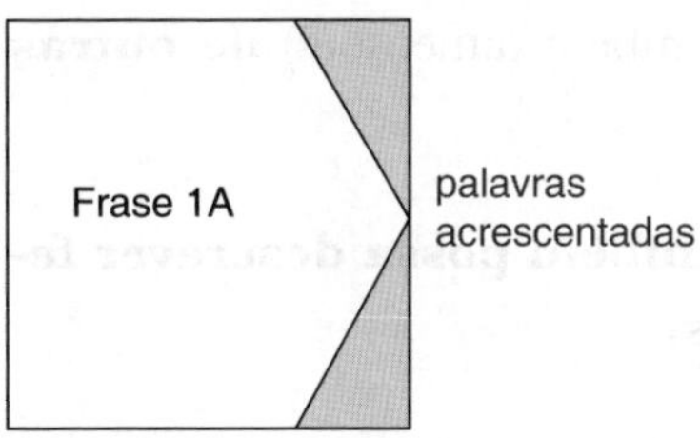

○ A MECÂNICA QUÂNTICA – PARÁGRAFO NATURAL

A mecânica quântica é a teoria física que obtém sucesso no estudo dos sistemas físicos cujas dimensões são próximas ou abaixo da escala atômica, tais como moléculas, átomos, elétrons, prótons e de outras partículas subatômicas, embora também possa descrever fenômenos macroscópicos em diversos casos. (...) A teoria quântica fornece descrições precisas para muitos fenômenos previamente inexplicados, tais como a radiação de corpo negro e as órbitas estáveis do elétron. Apesar de na maioria dos casos a Mecânica Quântica ser relevante para descrever sistemas microscópicos, os seus efeitos específicos não são somente perceptíveis em tal escala. (...)

A mecânica quântica – TRECHOS OU FRASES MAIS CURTAS NO PARÁGRAFO, COM PALAVRAS ACRESCENTADAS ENTRE PARÊNTESES QUANDO NECESSÁRIO PARA MANTER A LÓGICA

Frase 1A: A mecânica quântica é a teoria física.

Frase 1B: (É a teoria física) **que obtém sucesso no estudo dos sistemas físicos.**

Frase 1C: (Trata do estudo dos sistemas físicos) **cujas dimensões são próximas ou abaixo da escala atômica** = as dimensões dos sistemas físicos (tratados aqui) são próximas ou abaixo da escala atômica.

Frase 1D: (As dimensões dos sistemas físicos tratados aqui são) **tais como moléculas, átomos, elétrons, prótons e** (são também dimensões) **de outras partículas subatômicas.**

Frase 1E: ..., **embora** (a mecânica quântica) **também possa descrever fenômenos macroscópicos em diversos casos.**

Frase 2A: A teoria quântica fornece descrições precisas para muitos fenômenos previamente inexplicados.

Frase 2B: (são fenômenos) **tais como a radiação de corpo negro e as órbitas estáveis do elétron.**

Frase 3A: Apesar de na maioria dos casos a Mecânica Quântica ser relevante para descrever sistemas microscópicos,...

Frase 3B: Os ~~seus~~ efeitos específicos (da Mecânica Quântica) **não são somente perceptíveis ~~em tal~~ na escala** (dos sistemas microscópicos)

Frase 1A: A mecânica quântica é a teoria física.

Separando o trecho para visualizar e buscar as unidades de informação que o compõem, temos:

uma coisa ou uma pessoa ou um lugar	um fazer/um acontecer/um ser – o que uma coisa ou uma pessoa ou um lugar faz ou o que acontece ou o que é	uma característica de uma coisa ou uma pessoa ou um lugar – como é	a maneira como quem ou o que faz ou como algo acontece; como ou onde ou quando faz ou acontece
A mecânica quântica O QUÊ?	é É O QUÊ? O QUÊ É? (reveja o boxe 23 – **O que é verbo de ligação?**)	-	-
a teoria física O QUÊ?			

25

O que é predicativo?

Reveja o boxe 23 – **O que é verbo de ligação ou copulativo?**

O **predicativo** é o estado (aparente, permanente, de mudança de um estado a outro) que o verbo de ligação indica. Em "A mecânica quântica é a teoria física", "o verbo de ligação é muito simples" e "Assim fica fácil entender predicativo", "a teoria física", "muito simples" e "fácil" são exemplos de predicativo.

26

O que é predicado nominal?

Se incluirmos "é" e "fica", no recorte dos trechos acima "a teoria física", "muito simples" e "fácil", esses trechos passam a ser chamados de **predicados nominais**: "é a teoria física", "é muito simples" e "fica fácil".

O **predicado** é o estado (aparente, permanente, de mudança de um estado a outro) em si e se chama **nominal** porque se refere ao **nome** (reveja o boxe 6 – **O que é substantivo?** Nos exemplos usados aqui os nomes – substantivos a que se referem os predicados nominais – são, respectivamente, e com sublinha: "A mecânica quântica", "o verbo de ligação" e "entender predicativo."

Verbo sem conjugar funciona como substantivo também.

Frase 1B: [É a teoria física] **que obtém sucesso no estudo dos sistemas físicos.**

QUAL É? COMO É? (essa teoria física?)

pertence à categoria:

uma característica de uma coisa ou uma pessoa ou um lugar – como é

O trecho destacado indica como é a teoria física em foco: *a teoria física obtentora de sucesso... etc.*

"que obtém sucesso no estudo dos sistemas físicos"

uma coisa ou uma pessoa ou um lugar	um fazer – ocupa o mesmo lugar que *faço, fiz, fazem, fizeram, ...* – o que uma coisa ou uma pessoa ou um lugar *faz, fez, fará, ...* ou o que acontece ou o que é	uma característica de uma coisa ou uma pessoa ou um lugar – como é	a maneira como quem ou o que faz ou como algo acontece; como ou onde ou quando faz ou acontece
sucesso **O QUÊ?**	obtém **FAZ O QUÊ?**		no estudo dos sistemas físicos **ONDE?**

que = aqui une ideias substituindo unidades de informação que respondem à pergunta O QUÊ? ou QUEM?, representa também COMO? é O QUÊ? ou QUEM? (veja Conectores).

Frase 1C: [Trata do estudo dos sistemas físicos] **cujas dimensões são próximas ou abaixo da escala atômica** = as dimensões dos sistemas físicos [estudados na Mecânica Quântica] são próximas ou abaixo da escala atômica.

COMO SÃO esses sistemas físicos?

pertence à categoria:

uma característica de uma coisa ou uma pessoa ou lugar – como é

O trecho destacado indica as dimensões dos sistemas físicos em foco, como são: *de dimensões próximas ou abaixo da escala... etc.*

"cujas dimensões são próximas ou abaixo da escala atômica"

uma coisa ou uma pessoa ou um lugar	um ser – o que uma coisa ou uma pessoa ou um lugar é ou coisas ou pessoas ou lugares são	uma característica de uma coisa ou uma pessoa ou um lugar – como é	a maneira como quem ou o que faz ou como algo acontece; como ou onde ou quando faz ou acontece.
dimensões **O QUÊ?**	são próximas ou abaixo **SÃO COMO?**	próximas ou abaixo **COMO?**	da escala atômica **PRÓXIMAS OU ABAIXO COMO/DE QUÊ?**

cujo(a)(s) = une ideias detalhando algo que pertence a algo ou alguém mencionado antes; tem relação com unidades de informação que respondem à pergunta DO QUÊ? ou DE QUEM? (veja Conectores).

Frase 1D: [As dimensões dos sistemas físicos tratados aqui são] **tais como** [as dimensões de] **moléculas, átomos, elétrons, prótons e** [são também dimensões] **de outras partículas subatômicas.**

COMO SÃO as dimensões dos sistemas físicos?

pertence à categoria:

uma característica de uma coisa ou uma pessoa ou lugar – como é

O trecho destacado indica exemplos das dimensões dos sistemas físicos tratados: *(dimensões de) moléculas, dos átomos, dos elétrons, ... etc.*

"tais como (de) moléculas, átomos, elétrons, prótons e de outras partículas subatômicas"

uma coisa ou uma pessoa ou um lugar	um ser – o que uma coisa ou uma pessoa ou um lugar é ou coisas ou pessoas ou lugares são	uma característica de uma coisa ou uma pessoa ou um lugar – como é	a maneira como quem ou o que faz ou como algo acontece; como ou onde ou quando faz ou acontece
dimensões **(O QUÊ?)**	-	*de* moléculas, átomos, elétrons, prótons **COMO SÃO?**	-
		de outras partículas subatômicas **COMO SÃO?**	

tal (tais) como = une ideias exemplificando o que vem mencionado antes; tem relação com unidades de informação que respondem à pergunta O QUÊ? ou QUEM? (veja Conectores); aqui existe um "de" implícito que faz os itens mencionados serem parte da característica das dimensões.

e = une ideias de mesma categoria

Se a frase fosse "os sistemas físicos tratados aqui são" tais como **moléculas, átomos, elétrons, prótons e outras partículas subatômicas**", o trecho sublinhado seria **uma coisa ou uma pessoa ou um lugar**. O "de" foi incluído para igualar essa parte à seguinte, porque nela já havia "de" em "de outras partículas subatômicas".

"E" une unidades de informação da mesma categoria. Assim, o que vem antes do "e" não pode ser **uma coisa ou uma pessoa ou um lugar.** Tem de ser, igualmente **uma característica de uma coisa ou uma pessoa ou lugar – como é**. Melhor do que dizer "não pode ser", é dizer que fica em desequilíbrio. Não se diz uma *casa* e *bonita*. Se diz "uma casa e um apartamento", ou " casa bonita e organizada", por exemplo, sempre combinando unidades de informação da mesma categoria.

VIVÊNCIA 22

Agora você ajuda a preencher as lacunas.

Frase 1E: ..., embora (a mecânica quântica) **também possa descrever fenômenos macroscópicos em diversos casos.**

Oposição ao que foi dito antes; as categorias estão indicadas diretamente na tabela abaixo, com as perguntas correspondentes.

uma coisa ou uma pessoa ou um lugar	um fazer – ocupa o mesmo lugar que *faço, fiz, fazem, fizeram,* ... – o que uma coisa ou uma pessoa ou um lugar *faz, fez, fará*, ... ou o que acontece ou o que é	uma característica de uma coisa ou uma pessoa ou um lugar – como é	a maneira como quem ou o que faz ou como algo acontece; como ou onde ou quando faz ou acontece
a mecânica quântica	(2) ____________	macroscópicos	também[46]
O QUÊ? REALIZADOR[47]	**POSSA FAZER O QUÊ?**	**FENÔMENOS COMO?**	**(DESCREVER) COMO?**
(1) ____________ ____________		-	(3) ____________
O QUÊ? PARTICIPANTE[47]			**(DESCREVER) ONDE?/COMO?**

embora = une ideias em oposição, pede o uso do subjuntivo (veja o boxe 24 e veja Conectores).

[46] "Também" é um desses casos em que a pergunta soa estranha de formular, mas se você pensar que também significa "da mesma maneira ou modo", verá que até a palavra maneira aparece, confirmando que se trata de COMO? se faz alguma coisa. Enfim, simplificando, "também" é um advérbio, e advérbio descreve como fazemos alguma coisa.

[47] Reveja os boxes 17 – **O que é objeto?** e 20 – **O que é sujeito?**

(1) Fenômenos
O QUÊ? PARTICIPANTE
(2) possa descrever
POSSA FAZER O QUÊ?
(3) em diversos casos
(DESCREVER) ONDE? / COMO?

Também chamado "elíptico", "subententdido", "implícito"...

27

O que é sujeito oculto?

Quando sabemos O QUE ou QUEM? FAZ O QUÊ?, mas O QUE ou QUEM? não aparece na frase, temos um caso de sujeito oculto. Na frase acima "embora também possa descrever fenômenos macroscópicos em diversos casos" sabemos que é "a mecânica quântica" que pode descrever, mas como a expressão "a mecânica quântica", ou outra que queira dizer a mesma coisa, não está mencionada, se diz que é sujeito oculto...

Pela forma como FAZ O QUÊ? termina podemos determinar O QUE ou QUEM?. Reveja o boxe 11 — **O que é conjugação? O que é desinência? O que são verbos regulares e irregulares?** O contexto informa especificamente de QUE ou QUEM? se trata.

Frase 2A: A teoria quântica fornece descrições precisas para muitos fenômenos previamente inexplicados.

uma coisa ou uma pessoa ou um lugar	um fazer – ocupa o mesmo lugar que *faço, fiz, fazem, fizeram, ...* – o que uma coisa ou uma pessoa ou um lugar *faz, fez, fará, ...* ou o que acontece ou o que é	uma característica de uma coisa ou uma pessoa ou um lugar – como é	a maneira como quem ou o que faz ou como algo acontece; como ou onde ou quando faz ou acontece

(1) __________ **O QUÊ?** **REALIZADOR** (2) __________ **O QUÊ?** **PARTICI-PANTE**	fornece (3) __________	Precisas **COMO SÃO AS DESCRIÇÕES?** (4) __________ __________ __________ **PARA QUÊ?** **COMO SÃO/A QUE SE DESTINAM AS DESCRIÇÕES?**	-

(1) A teoria quântica
O QUÊ?
(2) descrições
O QUÊ?
(3) fornece
FAZ O QUÊ?
(4) para muitos fenômenos previamente inexplicados
PARA QUÊ? COMO SÃO AS DESCRIÇÕES?

Frase 2B: [são fenômenos] **tais como a radiação de corpo negro e as órbitas estáveis do elétron.**

uma coisa ou uma pessoa ou um lugar	um fazer – ocupa o mesmo lugar que *faço, fiz, fazem, fizeram, ...* – o que uma coisa ou uma pessoa ou um lugar *faz, fez, fará, ...* ou o que acontece ou o que é	uma característica de uma coisa ou uma pessoa ou um lugar – como é	a maneira como quem ou o que faz ou como algo acontece; como ou onde ou quando faz ou acontece
(1) __________ __________ __________ __________ __________ **O QUÊ?**	-	-	-

tal (tais) como = une ideias exemplificando o que vem mencionado antes; tem relação com unidades de informação que respondem à pergunta O QUÊ? ou QUEM? (veja Conectores).

(1) a radiação de corpo negro e as órbitas estáveis do elétron
O QUÊ?

Frase 3A: Apesar de na maioria dos casos a Mecânica Quântica ser relevante para descrever sistemas microscópicos.

uma coisa ou uma pessoa ou um lugar	um fazer – ocupa o mesmo lugar que *faço, fiz, fazem, fizeram, ...* – o que uma coisa ou uma pessoa ou um lugar *faz, fez, fará, ...* ou o que acontece ou o que é	uma característica de uma coisa ou uma pessoa ou um lugar – como é	a maneira como quem ou o que faz ou como algo acontece; como ou onde ou quando faz ou acontece
(1) ________ **O QUÊ?**	(2) ________ **SER COMO?**	(3) ________ **COMO?**	(4) ________ **ONDE? QUANDO?** (5) ________ **(RELEVANTE) COMO? COM QUE FINALIDADE?**

Apesar de = une ideias em oposição; pede o infinitivo.

(1) a Mecânica Quântica
O QUÊ?

(2) ser relevante
SER COMO?

(3) Relevante
COMO?

(4) na maioria dos casos
ONDE? QUANDO?
(5) para descrever sistemas microscópicos
(RELEVANTE) COMO?

Frase 3B: os ~~seus~~ efeitos específicos (da Mecânica Quântica) **não são somente perceptíveis ~~em tal~~ na escala** (dos sistemas microscópicos).

uma coisa ou uma pessoa ou um lugar	um fazer – ocupa o mesmo lugar que *faço, fiz, fazem, fizeram, ...* – o que uma coisa ou uma pessoa ou um lugar *faz, fez, fará, ...* ou o que acontece ou o que é	uma característica de uma coisa ou uma pessoa ou um lugar – como é	a maneira como quem ou o que faz ou como algo acontece; como ou onde ou quando faz ou acontece
(1) __________ __________ **O QUÊ?**	são somente perceptíveis **SER COMO?**	(2) __________ **COMO?**	Não[48] **COMO?** (3) __________ **(PERCEPTÍVEIS) COMO? ONDE?**

(1) Os seus efeitos específicos O QUÊ?	(2) perceptíveis COMO?	(3) em tal escala (PERCEPTÍVEIS) COMO? ONDE?

COMENTÁRIO 22

Observe que na Frase 2B poderia ter havido mais divisões e mais perguntas, considerando "a radiação" e "as órbitas" como O QUÊ? e "de corpo negro", "estáveis" e "do elétron", COMO? Nada impede fazê-lo. Com as perguntas podemos fazer o mesmo que com o recurso de *zoom in* e *zoom out*, "ampliar e reduzir o tamanho da visão", das máquinas fotográficas e das telas dos computadores e afins. Assumir trechos maiores ou menores, e assim analisá-los com mais ou menos detalhamento.

[48] "Não" é um outro caso, como "também", em que a pergunta soa estranha de formular, mas se você pensar que "não" indica uma maneira – negativa – verá que se trata de COMO NÃO se FAZ alguma coisa, que tem a ver com FAZER e portanto aqui é um advérbio.

VIVÊNCIA 23

Sendo mais abrangentes e sintéticos, colocamos agora todo o parágrafo na tabela abaixo para você analisar, com as adições necessárias para olhar para as frases menores independentemente. Onde houver lacunas, você deve completar ou com as perguntas correspondentes ou com as unidades de informação. Usamos [ ] para mostrar onde as unidades de informação começam e terminam. EM ALGUNS CASOS, O TRECHO INTEIRO EM DESTAQUE É A RESPOSTA A UMA PERGUNTA. Observe que a análise com as perguntas pode ser feita dentro das unidades de informação, como se fôssemos para um segundo ou terceiro nível de organização da informação, aqui indicado com fonte menor (*zoom in*). Para fazer isso, basta que haja mais de uma unidade de informação para perguntar/analisar. Complete as lacunas, sejam elas referentes a perguntas (sempre abaixo) ou a unidades de informação (sempre acima).

Desenvolvimento sustentável

O desenvolvimento que procura satisfazer as necessidades da geração atual, sem comprometer a capacidade das gerações futuras de satisfazerem as suas próprias necessidades, significa possibilitar que as pessoas, agora e no futuro, atinjam um nível satisfatório de desenvolvimento social e econômico e de realização humana e cultural, fazendo, ao mesmo tempo, um uso razoável dos recursos da Terra e preservando as espécies e os hábitats naturais.

COMENTÁRIO 23

Nossa capacidade de refletir de forma estruturada sobre como construímos nossas frases pode nos levar a outras reflexões muito importantes. Na frase de Wittgenstein, o filósofo, "as fronteiras da minha linguagem são as fronteiras do meu mundo."

Frase, comentários E PERGUNTAS PARA O TRECHO INTEIRO, quando há:	uma coisa ou uma pessoa ou um lugar	um fazer – ocupa o mesmo lugar que *faço, fiz, fazem, fizeram, ...* – o que uma coisa ou uma pessoa ou um lugar *faz, fez, fará,...* ou o que acontece ou o que é	uma característica de uma coisa ou uma pessoa ou um lugar – como é	a maneira como quem ou o que faz ou como algo acontece; como ou onde ou quando faz ou acontece
Frase 1A: [O desenvolvimento] [que procura satisfazer as necessidades da geração atual]	[O desenvolvimento] **(1)** ________	-	**(2)** ________ ________ ________ DESENVOLVIMENTO COMO?	-
[que] [procura satisfazer] [as necessidades] [da geração atual]	"que" substitui [o desenvolvimento] é realizador de [procura satisfazer] [as necessidades] é participante de [procura satisfazer] O QUÊ?	[procura satisfazer] **(3)** ________	**(4)** ________ NECESSIDADES COMO?	
Frase 1B: (satisfazer) [sem comprometer a capacidade das gerações futuras] **Pergunta para esse trecho: COMO?**	-	-	-	[sem comprometer a capacidade das gerações futuras] **(5)** ________

Frase, comentários E PERGUNTAS PARA O TRECHO INTEIRO, quando há:	uma coisa ou uma pessoa ou um lugar	um fazer – ocupa o mesmo lugar que *faço, fiz, fazem, fizeram, ...* – o que uma coisa ou uma pessoa ou um lugar *faz, fez, fará,...* ou o que acontece ou o que é	uma característica de uma coisa ou uma pessoa ou um lugar – como é	a maneira como quem ou o que faz ou como algo acontece; como ou onde ou quando faz ou acontece
[sem comprometer] [a capacidade] [das gerações futuras]	[a capacidade] participante de "comprometer" O QUÊ?	comprometer **(6)** ______	**(7)** ______ COMO É A CAPACIDADE?	Sem comprometer SATISFAZER COMO?
Frase 1C: (capacidade das gerações futuras) [de satisfazerem as suas próprias necessidades] **Pergunta para esse trecho: COMO?**	-	-	**(8)** ______ ______ ______ COMO? QUE TIPO DE CAPACIDADE?	-
[de satisfazerem] [as suas próprias necessidades]	[as suas próprias necessidades] participante de "satisfazerem" **(9)** ______	satisfazerem FAZEREM O QUÊ?	[de satisfazerem] **(10)** ______	
Frase 1D: (O desenvolvimento) [significa] [possibilitar que as pessoas, agora e no futuro, atinjam um nível satisfatório de desenvolvimento social e econômico e de realização humana e cultural]	**(11)** ______ **O QUÊ?** que as pessoas, agora e no futuro, atinjam um nível de desenvolvimento social e econômico e de realização humana e cultural	**FAZ O QUÊ?** significa **FAZER O QUÊ?** possibilitar		

Frase, comentários E PERGUNTAS PARA O TRECHO INTEIRO, quando há:	uma coisa ou uma pessoa ou um lugar	um fazer – ocupa o mesmo lugar que *faço, fiz, fazem, fizeram, ...* – o que uma coisa ou uma pessoa ou um lugar *faz, fez, fará,...* ou o que acontece ou o que é	uma característica de uma coisa ou uma pessoa ou um lugar – como é	a maneira como quem ou o que faz ou como algo acontece; como ou onde ou quando faz ou acontece
[que] [as pessoas], [agora e no futuro], [atinjam] [um nível] [de desenvolvimento] [social e econômico] e [de realização humana e cultural]	"que" introduz a unidade de informação O QUÊ? expressa com mais de uma unidade, assim: possibilitar isso = possibilitar que... **isso =** que as pessoas, agora e no futuro, atinjam um nível de desenvolvimento social e econômico e de realização humana e cultural [as pessoas] QUEM? realizador de "atinjam" [um nível] O QUÊ? participante de "atinjam"	**(12)** ______________ FAÇAM O QUÊ?	[de desenvolvimento] [social e econômico] e **(13)** ______________ e NÍVEL COMO?	**(14)** ______________ ATINJAM QUANDO?
Frase 1F: ~~fazendo, ao mesmo tempo~~, (ao mesmo tempo em que fazem) [um uso razoável] [dos recursos da terra] e ~~preservando~~ (preservam) [as espécies e os hábitats naturais.]	**(15)** ______________ O QUÊ? participante de "fazendo" **(16)** ______________ O QUÊ? participante de "preservando"	Fazendo/fazem FAZENDO O QUÊ? **(17)** ______________ FAZENDO O QUÊ?	**(18)** ______________ COMO É O USO RAZOÁVEL?	-

(ao mesmo tempo em que fazem) = conecta ideias simultâneas, o mesmo que "enquanto"

(1) O QUÊ?; (2) [que procura satisfazer as necessidades da geração atual]; (3) PROCURA FAZER O QUÊ?; (4) [da geração atual]; (5) SATISFAZER COMO?; (6) FAZER O QUÊ?; (7) [das gerações futuras]; (8) [de satisfazerem as suas próprias necessidades]; (9) O QUÊ?; (10) COMO É A CAPACIDADE?; (11) (O desenvolvimento); (12) [atinjam]; (13) [de realização humana e cultural]; (14) [agora e no futuro]; (15) [um uso razoável]; (16) [as espécies e os hábitats naturais.]; (17) preservando/preservam; (18) [dos recursos da Terra]

ADENDO

Ei! Leitor(a) querido(a), este texto, escrito para ajudá-lo a entender a língua que você fala, está fazendo sentido para você?

Vem do latim *vocare*, "chamar", e está relacionado também com *voz*.

28

O que é vocativo?

O vocativo, como diz o nome, é **um chamado** a QUEM? ou O QUÊ?
Mais comum que seja QUEM, mas pode ser um animal de estimação ou, na ficção, um objeto animado. Na pergunta: **Leitor(a) querido(a), as explicações fizeram sentido?**, "Leitor querido" ou "Leitora querida" é um vocativo. Se caracteriza por vir seguido de vírgula, ou entre vírgulas, quando está no meio da frase.

29

O que é aposto?

O aposto é **uma característica de uma coisa ou uma pessoa ou lugar – como é**, colocada, *aposta*, entre vírgulas.

Na pergunta da página, "escrito para ajudá-lo a entender a língua que você fala" é um aposto de

( ) leitor(a) ( ) sentido ( ) texto

(X) texto

30

O que é interjeição?

"Ei!", na página anterior, é um exemplo de interjeição. São palavras que expressam surpresa, advertência, apelo, medo, enfim, emoções. Outros exemplos são Puxa! Nossa! Cuidado! Eba!

IV. PERGUNTAS E PALAVRAS DE ORGANIZAÇÃO

Existe mais de um caminho para identificar uma unidade de informação. As palavras de organização – seu tipo e função – são um deles. Lembre-se de que as palavras de organização funcionam como ligações, a exemplo da argamassa que assenta os tijolos e dá firmeza à parede. Quando ocorrem – e no lugar em que ocorrem –, elas ajudam a identificar onde começa e onde termina uma unidade de informação. Não só ajudam a identificar, como também fornecem indicações sobre o tipo de unidade de informação onde aparecem.

Aqui existem três tipos de palavra de organização: marcadores, localizadores e conectores. O leitor vai descobrir quais são e o que fazem através de Vivências, pois, novamente, essa é a melhor maneira de fazê-lo: através do próprio julgamento e percepção.

○ MARCADORES

Existem dois tipos de marcadores, 1 e 2.

MARCADORES 1

VIVÊNCIA 24

No texto abaixo, sobre maneiras à mesa, alguns marcadores estão indicados com ×. Leia o texto. Em seguida, observe que foram destacadas as unidades de informação de que os marcadores fazem parte. Sua tarefa é indicar a pergunta a que respondem. Os marcadores ocorrem dentro de unidades de informação diversas – vamos nos concentrar na pergunta específica que tem relação com as palavras sublinhadas. Veja o exemplo.

À mesa[49]

Serviço: pode-se começar a comer após algumas pessoas terem sido servidas, se o serviço for lento.

Guardanapo: colocar no colo, durante a refeição, aberto totalmente ou não, conforme seu tamanho. Usá-lo sempre antes de levar o copo ou o cálice à boca. No final, colocá-lo ao lado do prato, sem dobrar mas também sem o amarrotar.

pode-se começar a comer após **algumas pessoas** terem sido servidas

(X) O QUÊ?/QUEM? ( ) QUANDO? ( ) QUEM?
( ) FAZ O QUÊ? ( ) COMO? ( ) QUAL? ( ) ONDE?
( ) POR QUÊ?

se o **serviço** for lento

( ) O QUÊ?/QUEM? ( ) QUANDO? ( ) QUEM? ( ) FAZ O QUÊ?
( ) COMO? ( ) QUAL? ( ) ONDE? ( ) POR QUÊ?

[49] Retirado e parcialmente adaptado de http://www.acessa.com/arquivo/mulher/dicas/1998/07/29-Convívio_Social/

Guardanapo: colocar no colo, durante **a refeição**

( ) O QUÊ?/QUEM? ( ) QUANDO? ( ) QUEM? ( ) FAZ O QUÊ?
( ) COMO? ( ) QUAL? ( ) ONDE? ( ) POR QUÊ?

colocar no colo, (...) aberto totalmente ou não, conforme **seu tamanho**

( ) O QUÊ?/QUEM? ( ) QUANDO? ( ) QUEM? ( ) FAZ O QUÊ?
( ) COMO? ( ) QUAL? ( ) ONDE? ( ) POR QUÊ?

se **o serviço** for lento – (X) O QUÊ?/QUEM?
Guardanapo: colocar no colo, durante **a refeição** – (X) O QUÊ?/QUEM?
colocar no colo, (...) aberto totalmente ou não, conforme **seu tamanho** – (X) O QUÊ? QUEM?

COMENTÁRIO 24

Em todos os casos, a pergunta feita para as palavras destacadas em negrito foi O QUÊ? ou QUEM?, certo? Assim, temos que os marcadores 1 têm sempre relação com unidades de informação que respondem a essas perguntas: O QUÊ? ou QUEM?. Naturalmente, podem ser unidades menores em unidades maiores, como ocorre nos casos analisados a seguir.

*após **algumas pessoas** terem sido servidas

[após **algumas pessoas** terem sido servidas] = QUANDO?

[algumas pessoas] = QUEM?

VIVÊNCIA 25

Complete com a pergunta correspondente:

*durante **a refeição**

[durante **a refeição**] = _______?

[a refeição] = _______?

*conforme **seu tamanho**

[conforme **seu tamanho**] = ________ é o guardanapo?

[seu tamanho] = __________?

[durante **a refeição**] = **QUANDO?**
[a refeição] = **O QUÊ?**
conforme **seu tamanho** = **COMO** é o guardanapo?
seu tamanho = O QUÊ?

COMENTÁRIO 25

Aqui repetimos o recurso de *zoom*, mencionado no Comentário 22.

O que fazem marcadores 1?

Marcam[50] uma coisa ou uma pessoa ou um lugar.

31

O que é pronome adjetivo?

Normalmente, quando o marcador marca uma coisa ou uma pessoa ou um lugar, ou seja, quando aparece ao lado de O QUÊ? ou QUEM? ele é um **pronome adjetivo**, ou seja, ele informa *como é* (através do marcador) o substantivo, O QUE ou QUEM. Exemplos:

Seu tamanho (pertence a um homem ou mulher, por exemplo)
Esta explicação (a explicação que estamos vendo aqui)
Pronome adjetivo é tema da morfologia.

[50] Apontam, indicam, referenciam...

VIVÊNCIA 26

No texto abaixo, ainda sobre maneiras à mesa, estão indicados alguns outros marcadores. Veja se você descobre o que eles fazem de diferente em relação ao que foi identificado acima.

Talheres: os que estão mais longe do prato são os primeiros a usar e, naturalmente, os últimos são os mais próximos do prato. Não se limpam os talheres com o guardanapo, antes de serem usados. (Veja nota anterior.)

1. "os primeiros", "os últimos" e "os mais próximos" referem-se a

( ) longe ( ) prato ( ) talheres

(X) talheres

COMENTÁRIO 26

Estamos falando de "talheres", e, para não ficarmos repetitivos, usamos o marcador "os" combinado com "primeiros" e "últimos" para fazer menção ao nosso assunto – "talheres" – sem precisar usar a mesma palavra a cada vez. Intuitivamente, nos desagrada quando temos de ler ou ouvir (muita) repetição. Não repetir torna a mensagem mais fácil de consumir. Sabemos do que se fala. Para que mencionar de novo? Assim, os marcadores também ajudam a criar unidades de informação que respondem à pergunta O QUÊ? ou QUEM? sem que seja preciso repetir a palavra-chave a que a pergunta se refere (no caso, "talheres").

O que fazem marcadores 1?

Fazem a(s) palavra(s) ao lado das quais aparecem, em geral adjetivos – palavras que respondem à pergunta COMO? –, responderem às perguntas O QUÊ? ou QUEM?.

VIVÊNCIA 27

Observe ainda o marcador assinalado e indique a resposta certa.

Ao parar de usar os talheres, estes devem ser colocados sobre o prato (a faca na borda) e os cabos nunca apoiados na mesa. Acabando de comer, são colocados sobre o prato, no sentido perpendicular à borda da mesa.

O que o marcador assinalado faz aqui?

( ) substitui "talheres" ( ) substitui "usar" ( ) substitui "prato"

(X) Substitui "talheres"

COMENTÁRIO 27

Conforme o exemplo anterior, e em muitos *outros*, sendo este uso de "outros" mais um exemplo do que estamos indicando aqui (outros = exemplos), os marcadores podem não só indicar a presença de palavras que respondem à pergunta O QUÊ? ou QUEM? como também "hospedam" o que elas significam, dispensando sua repetição.

32

O que é pronome substantivo?

De modo geral, o marcador que "hospeda" o significado de uma coisa ou uma pessoa ou um lugar, ou seja, que substitui O QUÊ? ou QUEM?, é um **pronome substantivo**. Exemplos:

Esta explicação é tão simples quanto aquela feita antes. (aquela = explicação)

– Me empresta a sua caneta? A minha está falhando (minha = caneta)

Pronome substantivo é assunto da morfologia.

O que fazem marcadores 1? <u>SÍNTESE</u>

- marcam uma coisa ou uma pessoa ou um lugar;
- fazem a(s) palavra(s) ao lado das quais aparecem, em geral adjetivos – palavras que respondem à pergunta COMO? –, responderem às perguntas O QUÊ? ou QUEM?; e
- hospedam o significado de palavras que respondem às perguntas O QUÊ? ou QUEM?.

Geralmente aparecem assim: [MARCADOR 1 + O QUÊ? ou QUEM?] e estão na unidade de informação que responde à pergunta O QUÊ? ou QUEM?.

VIVÊNCIA 28

Veja a seguir uma lista relativamente abrangente, mas não exaustiva, dessas palavras. Experimente numerar as caixas contendo marcadores à esquerda com suas áreas de significado, à direita. Siga o exemplo.

Nº	Marcadores	Áreas de significado
1	o, os, a, as um, uns, uma, umas tal, tais	A quem pertence
2	1, 2, 3, 4, ... 1º, 2º, 3º, 4º (numerais ordinais) algum, alguns, alguma, algumas mais menos muito, muitos, muita, muitas nenhum, nenhuma pouco, poucos, pouca, poucas	Proximidade ou distância

(3) qualquer, quaisquer cada todo, todos, toda, todas outro, outros, outra, outras ambos, ambas	Quantidade
(4) este, estes, esta, estas esse, esses, essa, essas aquele, aqueles, aquela, aquelas	Agrupamento
(5) meu, meus, minha, minhas teu, teus, tua, tuas seu, seus, sua, suas nosso, nossos, nossa, nossas	Ser específico ou não (1)

A quem pertence (5); Proximidade ou distância (4); Quantidade (2); Agrupamento (3); Ser específico ou não (1).

○ LISTA DE MARCADORES 1

bastante o algum a quase alguns as alguma tal um muitos nenhum uma uns algumas muitas mais aqueles pouco sua nossa todos aquele meu ambas

tais nenhuma toda umas poucos, pouca mais cada todo poucas os outro qualquer esta ambos muito esse teus estas todas menos quaisquer este assim outros outras estes outra

1

COMENTÁRIO 28

Os marcadores foram agrupados de acordo com a área de significado a que pertencem, podendo estar relacionados com "quantidade", "agrupamento", dentre outras. Essas áreas de significado estão relacionadas com o que eles "estão marcando" em O QUÊ ou QUEM e não têm, necessariamente, uma correspondência com as classificações da gramática normativa. Em alguns casos há correspondência parcial, em outros os marcadores se sobrepõem ou estão classificados de outra forma, conforme se pode observar pelos boxes de correspondência com a gramática normativa a seguir.

33

O que é artigo?

Artigos são marcadores que de modo geral indicam se O QUÊ ou QUEM é específico ou não. Quando usamos "o", "os","a", "as", estamos sendo "específicos", ou seja, pelo menos do ponto de vista da escolha de palavras, estamos nos comunicando sobre O QUÊ ou QUEM que (re)conhecemos. Esses são os **artigos definidos**. Quando usamos "um", "uns", "uma", "umas" não estamos sendo "específicos", ou seja, estamos nos referindo a O QUÊ ou QUEM qualquer. Esses são os **artigos indefinidos**.

Artigo é tema da morfologia.

34

O que é pronome possessivo?

São os marcadores que indicam a quem pertence O QUÊ? ou QUEM? e/ou hospedam O QUÊ? ou QUEM? "pertencido" – meu, meus, minha, minhas; teu, teus, tua, tuas; seu, seus, sua, suas; nosso, nossos, nossa, nossas.

Meu amigo me dá presentes no dia do amigo. E o seu?

Meu = indica que "amigo pertence a mim"

seu = hospeda "amigo da pessoa com quem se fala", aqui, para não precisar repetir.

Tema da morfologia.

35

O que é pronome demonstrativo?

São os marcadores que indicam proximidade ou distância, no tempo e no espaço – este, estes, esta, estas; esse, esses, essa, essas; aquele, aqueles, aquela, aquelas.

Este ano vou escalar aquela montanha.

Este ano (proximidade no tempo)

aquela montanha (distância no espaço)

Tema da morfologia.

36

O que é pronome indefinido?

São marcadores genéricos, alguns do grupo de Quantidade e outros do grupo de Agrupamento. Representam O QUÊ ou QUEM sem nome ou referência. Podem ser **variáveis**, porque representam quantidade, masculino ou feminino:

Algum, alguma, alguns, algumas, nenhum, nenhuma, muito, muita, muitos, muitas, pouco, pouca, poucos, poucas, ... e todo, toda, todos, todas, outro, outra, outros, outras, qualquer, quaisquer, ...

Podem ser **invariáveis**, porque são palavras que não têm outras formas (não têm quantidade, masculino ou feminino): tudo, nada, cada, que, ...

Tema da morfologia.

MARCADORES 2

VIVÊNCIA 29

No diálogo adiante estão indicados os marcadores 2, com função diferente dos marcadores 1. Leia e responda.

Diálogo à mesa:

A: Isso de ter regras para usar talheres é **muito** bobo, não acha?!

B: Não sei se o assunto é **tão** simples assim. Você está sendo radical **demais**.

1. [**muito** bobo] é ________________ o personagem A pensa ser o uso de regras à mesa.

( ) O QUÊ? ou QUEM? ( ) QUANDO? ( ) FAZ O QUÊ?
( ) COMO? ( ) ONDE? ( ) POR QUÊ?

2. [**tão** simples] é ________________ o personagem B não crê ser o assunto.

( ) O QUÊ? ou QUEM? ( ) QUANDO? ( ) FAZ O QUÊ?
( ) COMO? ( ) ONDE? ( ) POR QUÊ?

3. [**radical** demais] é ________________ o personagem B pensa que o personagem A está sendo.

( ) O QUÊ? ou QUEM? ( ) QUANDO? ( ) FAZ O QUÊ?
( ) COMO? ( ) ONDE? ( ) POR QUÊ?

1. [**muito** bobo] é COMO? o personagem A pensa ser o uso de regras à mesa.
2. [**tão** simples] é COMO? o personagem B não crê ser o assunto.
3. [**radical** demais] é COMO? o personagem B pensa que o personagem A está sendo.

COMENTÁRIO 29

As palavras em destaque entre parênteses respondem à pergunta COMO?. Os marcadores 2, que estamos vendo aqui, nos dizem um pouco mais sobre a característica em uso:

muito bobo – intensidade (da bobice!)

nada sério – intensidade (seriedade zero!)

tão simples – ênfase;

radical **demais** – excesso;

e assim por diante.

Cada um desses marcadores e outros com função semelhante tem o papel de detalhar a característica em uso, geralmente aumentando ou diminuindo seu efeito ("muito" ou "pouco" ou "nada" bobo, por exemplo), com outras nuances também.

Veja mais exemplos, com explicações:

O projeto fica **mal** escrito sem citar as fontes de pesquisa.

- "mal" detalha "escrito", que é COMO fica o projeto neste caso.

Se você colocar mais açúcar na geleia, vai deixá-la doce **demais**.

- "demais" detalha "doce", que é COMO você vai deixar a geleia.

O aroma **delicadamente** suave da orquídea me emocionou.

- "delicadamente" detalha "suave", que é COMO é o aroma da orquídea.

O que fazem marcadores 2?

Detalham a característica de alguma coisa ou pessoa ou lugar.

VIVÊNCIA 30

Observe agora outros casos de marcadores 2. Indique a resposta certa.

1. Os otimistas vivem **muito** entusiasticamente.

[**muito** entusiasticamente] é:

( ) COMO são os otimistas

( ) COMO vivem os otimistas

"entusiasticamente", nessa frase, é:

( ) uma característica de uma coisa ou uma pessoa ou lugar – **como é**

( ) a maneira **como quem ou o que faz** ou como algo acontece; como ou onde ou quando faz ou acontece.

portanto "muito" em [**muito** entusiasticamente] detalha:

( ) uma característica

( ) uma maneira

2. Nosso paciente sentiu-se **bastante** bem após a cirurgia.

[**bastante** bem] é:

( ) COMO é nosso paciente

( ) COMO nosso paciente se sentiu

"bem", nessa frase, é:

( ) uma característica de uma coisa ou uma pessoa ou um lugar – **como é**

( ) a maneira **como quem ou o que faz** ou como algo acontece; como ou onde ou quando faz ou acontece.

portanto "bastante" em [**bastante** bem] detalha:

( ) uma característica

( ) uma maneira

3. Você não precisa dirigir **tão** rápido.

[**tão** rápido] é:

( ) COMO você é

( ) COMO não precisa dirigir

"rápido", nessa frase, é:

( ) uma característica de uma coisa ou uma pessoa ou um lugar – **como é**

( ) a maneira **como quem ou o que faz** ou como algo acontece; como ou onde ou quando faz ou acontece.

portanto "tão" em [**tão** rápido] detalha:

( ) uma característica

( ) uma maneira

4. Escreva **o mais** claramente **possível, bem** aqui nesta linha, **exatamente**[51] a que horas precisa que o motorista venha buscar o palestrante.

o mais possível, bem e **exatamente** detalham, respectivamente:

( ) claramente, aqui nesta linha, a que horas – COMO, ONDE, QUANDO

( ) escreva, (escreva), venha buscar – FAÇA O QUÊ, VENHA FAZER O QUÊ

( ) linha, motorista, palestrante – O QUÊ, QUEM, QUEM

1. (X) COMO vivem os otimistas / (X) a maneira **como quem ou o que faz** ou como algo acontece; como ou onde ou quando faz ou acontece. / (X) uma maneira
2. (X) COMO nosso paciente se sentiu / (X) a maneira **como quem ou o que faz** ou como algo acontece; como ou onde ou quando faz ou acontece. (X) uma maneira
3. (X) COMO não precisa dirigir / (X) a maneira **como quem ou o que faz** ou como algo acontece; como ou onde ou quando faz ou acontece. / (X) uma maneira
4. (X) claramente, aqui nesta linha, a que horas – COMO, ONDE, QUANDO

COMENTÁRIO 30

Em todos os casos acima, os marcadores 2 estão na unidade de informação que responde à pergunta COMO? ou ONDE? ou QUANDO? que por sua vez tem aqui relação com FAZER.

O que fazem os marcadores 2? SÍNTESE

- **detalham a característica de alguma coisa ou pessoa ou lugar.**
- **detalham a maneira como *faço, fiz, fazem, fizeram, ...* – o que uma coisa ou uma pessoa ou um lugar *faz, fez, fará, ...* ou o que acontece ou o que faz ou como algo acontece; como ou onde ou quando faz ou acontece.**
- **Geralmente aparecem assim: [MARCADOR 2 + COMO?] e estão na unidade de informação que genericamente responde às perguntas COMO?, ONDE?, QUANDO?**

[51] Palavras terminadas em -mente têm o papel de marcadores 2 se vêm antes de uma característica ou mesmo uma maneira.

VIVÊNCIA 31

Para ter certeza de que você entendeu os marcadores 2, sublinhe onde se encontram nas frases[52] abaixo. Voltamos às maneiras à mesa.

1. (...) as pessoas que fazem uma refeição juntas são melhor designadas por comensais.
2. Durante uma refeição poderão surgir várias oportunidades para os homens demonstrarem atenção (...) com as senhoras presentes. Uma delas está no momento de (...) auxiliar as senhoras a sentar-se, afastando a cadeira (...) e depois ajudando-as a encontrar a posição mais cômoda à borda da mesa.
3. Ao ver o grande número de talheres (...) a pessoa pode recear se confundir. (...) O talher a ser usado é o que está mais afastado do prato.
4. Não colocar os cotovelos sobre a mesa é um preceito bastante conhecido.

1. melhor (detalha "designadas");
2. mais (detalha "cômoda");
3. mais (detalha "afastado");
4. bastante (detalha "conhecido")

COMENTÁRIO 31

O principal objetivo desse tipo de investigação é treinar a nossa capacidade de fazer as relações entre as palavras. Quanto mais essas relações se aproximarem daquelas definidas para as funções que as palavras têm (guardadas as proporções e ressalvadas as permissões dos usos inovadores e criativos), maior o nosso domínio da sua organização, da sua estrutura.

○ LISTA DE MARCADORES 2

Veja a seguir uma lista relativamente abrangente, mas não exaustiva, dessas palavras. Observe que, ao indicar COMO? na 3.ª coluna adiante, temos o objetivo

[52] Retiradas e parcialmente adaptadas de http://www.cobra.pages.nom.br/bmp-mesabm.html

de apontar para uma tendência de uso, e não uma fórmula aplicável em qualquer situação onde ocorre essa combinação de palavras.

Marcadores 2	assim bastante bem ... demais muito quase tão ... menos mais ... nada *palavras terminadas* em *-mente*[53] ...	COMO?

Algumas palavras são marcadores 1 e 2 também, dependendo do uso. Veja o exemplo.

Ou você tem [**muita** paciência] ou pode ficar [**muito** irritado] com todas essas regras à mesa.

Ou você tem O QUÊ? ou pode ficar COMO? com todas essas regras à mesa.

"Paciência" é palavra que responde à pergunta O QUÊ? e aqui compõe uma unidade de informação que responde à mesma pergunta: O QUÊ? [muita paciência]

"Irritado" é palavra que responde à pergunta COMO? e aqui compõe uma unidade de informação que responde à mesma pergunta: COMO? [muito irritado]

Precisamos ter sempre em mente que as palavras são dinâmicas. Aquilo que elas fazem na frase e na comunicação é decidido caso a caso. Pois, embora exista uma tendência a uma determinada função, algum uso pode inovar, mudar, alterar. Isso nos liberta para nos apropriarmos da comunicação que já exercemos ao mesmo tempo em que nos responsabiliza pela nossa escolha do que usar, a cada momento.

[53] Exemplos onde as palavras terminadas em –mente são marcadores 2: absolutamente certo, certamente enganado, curiosamente diferente.

VIVÊNCIA 32

Exercite agora sua capacidade de diferenciar os marcadores 1 e 2, para aguçar sua capacidade de fazer as perguntas e analisar unidades de informação. Estamos sempre tratando de marcadores, pois a palavra em análise tem a ver com o fato de que COMO tem sempre relação com O QUE ou QUEM, ou seja, não teremos uma característica se ela não puder se manifestar, aparecer e ser notada – e comunicada – em alguma coisa ou pessoa ou lugar, certo? Os marcadores aparecem negritados no parágrafo a seguir. Escreva 1 ou 2 nos ( ) ao seu lado. Os casos em que ocorrem não são repetidos. Os marcadores que ocorrem em "na", "no", etc. (reveja a Vivência 16) não são negritados aqui.

[54]**Remoção de resíduos.** Está **obviamente** ( ) despreparada para comer em companhia de **outras** ( ) pessoas **aquela** ( ) que mete **o** ( ) dedo na boca para limpar entre **os** ( ) dentes com **a** ( ) unha, limpa o nariz no guardanapo ou a boca no forro da mesa, e comete outras imprudências **assim** ( ) repulsivas à mesa. Não pegue indiscriminadamente com os dedos nem cuspa no guardanapo partes não comestíveis do que foi levado à boca. A regra geral é: do mesmo modo que se levou **um** ( ) alimento à boca, é retirada da boca **qualquer** ( ) sobra dele que seja necessário remover. Se **uma** ( ) fruta é comida com as mãos, sem uso de talher, então o caroço dessa fruta, ou qualquer parte indesejável que tenha de ser retirada da boca, será apanhada com os dedos. (...)

Remoção de resíduos. Está **obviamente** (2) despreparada para comer em companhia de **outras** (1) pessoas **aquela** (1) que mete **o** (1) dedo na boca para limpar entre **os** (1) dentes com **a** (1) unha, limpa o nariz no guardanapo ou a boca no forro da mesa, e comete outras imprudências **assim** (2) repulsivas à mesa. Não pegue indiscriminadamente com os dedos nem cuspa no guardanapo partes não comestíveis do que foi levado à boca. A regra geral é: do mesmo modo que se levou **um** (1) alimento à boca, é retirada da boca **qualquer** (1) sobra dele que seja necessário remover. Se **uma** (1) fruta é comida com as mãos, sem uso de talher, então o caroço dessa fruta, ou qualquer parte indesejável que tenha de ser retirada da boca, será apanhada com os dedos. (...)

[54] Retirado de http://www.cezarliper.com.br/LinkEtiquetas1.asp

COMENTÁRIO 32

Pelas Vivências, fica claro que os marcadores 1 são muito mais frequentes e abundantes do que os marcadores 2. É geralmente mais comum nos referirmos a coisas, pessoas, lugares, palavras que respondem à pergunta O QUÊ?, do que a COMO? são. Você apenas precisa dar-se conta da diferença da pergunta – COMO? ou O QUÊ? – para maior domínio e exatidão do que quer expressar. Ao decidir sobre usar marcadores de qualquer tipo, reflita sobre o detalhe que é importante destacar, e sobre qual marcador o expressa de forma econômica e sucinta. Releia **O que fazem as palavras de organização** p.112.

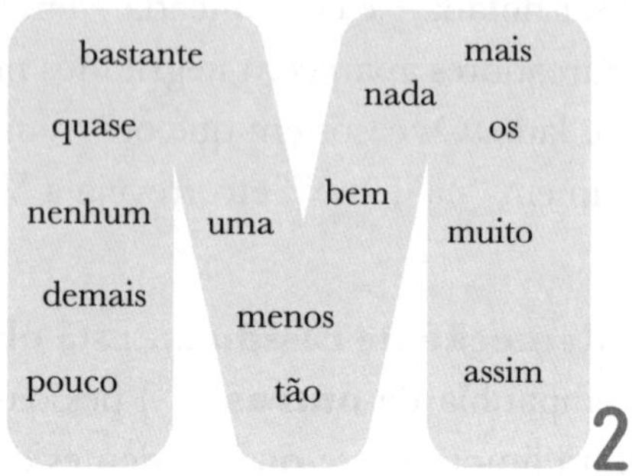

○ LOCALIZADORES

Os localizadores são palavras de organização que aparecem em mais de um tipo de unidade de informação, com funções diversas entre si. Para usar nossa linguagem aqui, são palavras de organização que aparecem nas respostas a várias perguntas. Localizadores de modo geral estão nas perguntas genericamente representadas por:

COMO?
COMO ou ONDE ou QUANDO FAZ?
FAZ O QUÊ?
Vamos identificá-los em cada uma dessas unidades de informação.

Localizadores para *COMO*?

A pergunta está em itálico pois não é a pergunta rotineiramente formulada para se chegar à unidade de informação de que estamos tratando. Em muitos casos, pode ser substituída pela pergunta DE QUE TIPO?, a qual é mais natural e, em seu sentido, tem um objetivo semelhante a COMO?: indagar sobre características de alguém ou algo. Mas visto termos usado COMO até aqui com essa finalidade, mantemos a pergunta para identificar unidades de informação que indicam as características de alguma coisa, mesmo que não seja a pergunta a fazer naturalmente nesses casos. O que importa é que a pergunta faça sentido para identificar as unidades de informação de que estamos tratando. Observe.

Boas Maneiras

Boas Maneiras[55] são regras básicas **de como viver em sociedade** (1). As boas maneiras, também chamadas de bons modos, resumem-se, basicamente, a viver de forma educada e cordial na família, na escola, na sala de aula, em locais públicos, à mesa, ao telefone, etc. No fundo, são boas maneiras **em sociedade** (2), normas **para a convivência social** (3).

VIVÊNCIA 33

Complete as lacunas conforme as unidades de informação do texto anterior e respondendo às perguntas indicadas:

regras básicas *COMO* ou EM QUE SENTIDO? (1)
regras básicas ______________________________.
boas maneiras *COMO* ou DE QUE TIPO ou ONDE? (2)
boas maneiras ______________________________
normas *COMO* ou DE QUE TIPO? (3)
normas ______________________________.

regras básicas **de como viver em sociedade**
boas maneiras **em sociedade**
normas **para a convivência social**

COMENTÁRIO 33

Palavras como "de", "em", "para" são localizadores. Introduzem unidades de informação que especificam o que está dito antes, normalmente

55 Retirado e parcialmente adaptado de http://educamais.com/boas-maneiras/

uma coisa ou uma pessoa ou um lugar. Mas pode ser uma maneira ou característica, a exemplo de "de como viver em sociedade", primeiro caso acima, que especifica "básicas" que é característica de "regras."

Mais exemplos:

- edifício ***com* muitos andares** – *COMO* é o edifício?
- entalhe ***em* madeira** – COMO ou DE QUE TIPO é o entalhe?
- perto ***de* casa** – perto *COMO*?

37

O que é locução adjetiva?

É a unidade de informação iniciada por um localizador e relacionada à característica de alguém ou algo, genericamente respondendo à pergunta COMO (com as observações feitas acima sobre a aplicação natural desta pergunta neste caso) ou DE QUE TIPO – ou até mesmo ONDE ou QUANDO.

reunião [de condomínio] – reunião *COMO* ou DE QUE TIPO?

reunião [no corredor] – reunião *COMO* ou ONDE ou DE QUE TIPO?

reunião [às 19h] – reunião *COMO* ou QUANDO?

A unidade de informação em destaque deve se referir a O QUE ou QUEM – *reunião* nos exemplos deste boxe, e *regras, maneiras, normas, edifício* e *entalhe* nos exemplos anteriores.

Para ser "adjetiva", tem de se relacionar com "substantivo". Em outras palavras, "uma característica" será "de uma coisa ou uma pessoa ou lugar – como é" reveja o boxe 6 – **O que é substantivo?**

O que fazem localizadores para *COMO*?

Introduzem unidades de informação que genericamente respondem à pergunta COMO? ou DE QUE TIPO?

○ LOCALIZADORES PARA COMO OU ONDE OU QUANDO FAZ?

Garfo × faca[56]

O manuseio dos talheres durante as refeições[57] pode ser feito **de duas maneiras**. A americana diz que se devem cortar os alimentos **com a faca na mão direita** enquanto se segura o garfo **na esquerda**. **Ao terminar de cortar**, deixe-a descansando **na borda do prato com a serra sempre para dentro**. Então, deve-se segurar o garfo **com a mão direita** e pegar os alimentos desejados, **sem ajuda da faca**. Os canhotos podem continuar usando a mão esquerda. **Para cortar mais alimentos**, volte a segurar o garfo com a mão esquerda. E ele descansa **do mesmo lado** pelo qual é levado **à boca**.

VIVÊNCIA 34

Escreva as unidades de informação do texto abaixo na caixa da pergunta básica correspondente. Na chave de respostas, é incluída uma ajuda indicando o FAZER O QUÊ? em cada caso.

de duas maneiras
com a faca na mão direita
na (mão) esquerda
Ao terminar de cortar
na borda do prato
com a serra sempre para dentro
com a mão direita
sem ajuda da faca
Para cortar mais alimentos
do mesmo lado
à boca

COMO FAZ?
____
____
____
____

ONDE FAZ?
____
____
____

QUANDO FAZ?
____
____

COM QUE FINALIDADE FAZ?
____
____

---

[56] Retirado de http://www.terra.com.br/culinaria/infograficos/etiqueta-a-mesa/

[57] QUE TIPO de manuseio? "manuseio durante as refeições" – nesta Vivência nos concentramos em cenários para FAZER, por isso essa unidade de informação, que se relaciona com "manuseio" (O QUE) não foi assinalada. É exemplo para a Vivência anterior.

COMO FAZ?	ONDE FAZ?	QUANDO FAZ?	COM QUE FINALIDADE FAZ?
COMO é feito? **de duas maneiras** cortar COMO? **com a faca na mão direita** deixar descansando COMO? **com a serra sempre para dentro** segurar COMO? **com a mão direita** pegar COMO? **sem ajuda da faca**	segurar ONDE? **na (mão) esquerda** deixar descansando ONDE? **na borda do prato** descansa ONDE? **do mesmo lado** é levado ONDE? **à boca**	deixar descansando QUANDO? **Ao terminar de cortar**	voltar a segurar COM QUE FINALIDADE?[58] **Para cortar mais alimentos**

38

O que é adjunto ou locução adverbial?

É a unidade de informação que genericamente responde à pergunta COMO ou ONDE ou QUANDO ou FAZ?, quando iniciada por um localizador.

A unidade de informação refere-se a FAZER O QUÊ.

Para ser "adv**erbi**al", tem de se relacionar com "**verbo**". Em outras palavras, "a maneira" como quem ou o que "faz" ou como algo "acontece"; como ou onde ou quando faz ou acontece.

39

O que é adjunto adnominal?

Palavras que estão relacionadas com o nome, ou substantivo. Meu livro tem capa amarela e branca. "Meu" é adjunto adnominal de livro e amarela e branca adjunto adnominal de capa.

[58] Fazer algo com um motivo ou finalidade é, genericamente, uma "maneira" de fazer – poderia ser enquadrado em COMO?, mas é muito estranho do ponto de vista da lógica e do sentido...

COMENTÁRIO 34

Os localizadores introduzem unidades de informação que informam tempo, espaço, maneira como se faz algo, finalidade, motivo... Como são muito versáteis, um mesmo localizador pode introduzir mais de um tipo de unidade de informação. São como o curinga no jogo de cartas. Transitam entre todos as categorias de unidades de informação, determinando-as e introduzindo-as, exceto as que respondem à pergunta O QUE ou QUEM.

Mais exemplos:
esconder o microfone ***sob* a gola** – esconder ONDE?
colocar testemunha ***sob* suspeita** – colocar COMO?
estudar ***por* partes** – estudar COMO?
andar ***por* aí** – andar ONDE?
...

O que fazem localizadores para COMO ou ONDE ou QUANDO FAZ?

Introduzem unidades de informação que genericamente respondem à pergunta COMO ou ONDE ou QUANDO FAZ?

Vamos bem além da gramática: a possibilidade de combinar [LOCALIZADOR + O QUÊ ou QUEM] e formar unidade de informação que é [característica] ou [maneira] nos permite expressar uma infinidade de informações. Algumas delas, de tanto serem usadas, viram palavras. Por exemplo:

A obra de Freud = a obra freudiana (de Freud = freudiano; *-ano* é final de palavra que forma características que significam "relativo ou pertencente a"; "próprio de" "parte de"[59]) e tem também *freudista*, "que segue Freud", e *freudismo*, "pensamento segundo Freud"... Outros exemplos, do dia a dia:

ator da Rede Globo = ator global;

herança de Lula = herança lulista;

...

[59] http://aulete.uol.com.br/-ano. Recomendo este dicionário on-line de português. Homepage: http://aulete.uol.com.br/index.php

Como já vimos, tendemos à síntese e à economia em nossa comunicação. Assim, um cientista famoso ou um grande pensador, um político popular ou um canal de TV, de tanto ser mencionado, ganha uma palavra para tal, mas antes certamente passa pela referência corriqueira, LOCALIZADOR + NOME.

Veja mais em **De onde vêm as palavras? Quem as cria?** p. 36.

40

O que é crase?

Vem do grego *krâsis* e quer dizer "misturar", "combinar". É a combinação de A(S) (marcador) + A (localizador que indica direção). Em geral a crase está em uma unidade de informação que responde à pergunta ONDE(AONDE):

Aonde você vai? À loja de departamentos. Às compras.

"A" marcador que diz que a loja é conhecida de quem ouve falar dela + "A" – localizador que expressa "em direção a". Também pode ser as (compras, mais de uma) + a.

Aparece ainda em FAZER O QUE – a combinação, invertida, é de A (localizador que indica direção) + A(S) (marcador):

Você gosta de assistir à novela, hein?

"A" em (assistir a) é localizador que expressa "em direção a" (assistir a = olhar com atenção para) + "A" marcador que diz que quem ouve falar da novela sabe qual é (das 8, das 7, etc.).

○ LOCALIZADORES EM FAZER O QUÊ?

Vamos observar, com exemplos e Vivências, mais duas funções dos localizadores.

Localizadores completam o significado de FAZER O QUÊ?.

VIVÊNCIA 35

Assinale a resposta certa, escolhendo a alternativa que completa a lacuna do localizador ao lado de FAZER O QUÊ? em cada frase.

1. O menino não **gosta** _____ *games*.

( ) por ( ) em ( ) de

O localizador que completa "gostar" é ____.

2. Noite[60] passada **sonhei** _____ ela.

( ) de ( ) até ( ) com

O localizador que completa "sonhar" é ____.

3. Tenho mesmo de **concordar** _____ você?

( ) de ( ) até ( ) com

O localizador que completa "concordar" é ____.

1. de; **2.** com; **3.** com.

COMENTÁRIO 35

Os localizadores são parte do uso do verbo na maior parte das vezes, mas não aparecem sempre, muito menos em usos cotidianos e informais. Quando o participante aparece, dependendo do lugar em que está, também aparece o localizador.

Eu gosto dessas coisas. ("de" aparece junto com "essas")

As coisas que eu gosto são muitas (existe um "de" antes de "gosto" mas ele é seguidamente omitido)

60 Aqui, noite é o mesmo que "na noite". Optamos por manter a forma como ela é usada coloquialmente (sem "na").

41

O que é verbo transitivo direto, transitivo indireto e transitivo direto-indireto ou bitransitivo[61]?

Transitivo direto é o verbo – FAZER O QUÊ? – que não tem localizador integrando a sua unidade de informação.

O macaco come banana. O macaco FAZ O QUÊ? [come]

O leitor entende o exemplo. O leitor FAZ O QUÊ? [entende]

Verbo **transitivo indireto** tem localizador integrando sua unidade de informação. Os itens (1), (2) e (3) da Vivência 35 são exemplos.

O menino não gosta de *games*. O menino não FAZ O QUÊ? [gosta de]

Noite passada sonhei com ela. Noite passada FIZ O QUÊ? [sonhei com]

Tenho mesmo de concordar com você? Tenho mesmo de FAZER O QUÊ? [concordar com].

Colocar o localizador na unidade de informação do FAZER O QUÊ, [gosta de], [sonhei com], [concordar com] em vez de associá-lo a O QUE ou QUEM, como habitualmente fazemos, pode parecer estranho a princípio. Acontece que essa pequena mudança de lugar do localizador torna a divisão das unidades de informação mais clara para análise. Ora, se a frase não fica pronta sem o localizador: ~~O menino não gosta games~~. ~~Tenho mesmo de concordar você? Noite passada sonhei ela.~~, e se é justamente FAZER O QUÊ que fica incompleto (“*games*”, “ela” e “você” são unidades de informação claras e completas sem o localizador), então é mais lógico que o localizador habite a unidade do verbo quando analisamos a frase em unidades e perguntas correspondentes.

[61] Fala-se também em tritransitivo, verbo em que três unidades de informação estariam relacionadas a FAZER O QUÊ?. Acredito que é mais útil pensar sobre **transitividade**: de um modo simples, é a relação entre a unidade de informação FAZER O QUÊ? e as outras unidades da frase que a completam (completam = respondem a perguntas relacionadas com sua *realização*). Então, quando falamos de **enviar**, **informar** ou **receber**, estamos tratando de duas unidades O QUE ou QUEM – como no boxe acima, e quando falamos de **transformar** ou **traduzir**, podemos ter três unidades O QUE ou QUEM: 1 - TRANSFORMAR ou TRADUZIR + O QUE, 2 - TRANSFORMAR ou TRADUZIR DE + O QUE; 3 - TRANSFORMAR ou TRADUZIR PARA/EM + O QUE. *Transformar a substância de líquido em sólido. Traduzir o texto do inglês para o russo.*

O verbo **transitivo direto e indireto, também chamado de bitransitivo,** afeta duas unidades de informação, uma responde FAZER O QUÊ? e outra responde FAZER O QUÊ? + LOCALIZADOR, sendo que FAZER é o mesmo nos dois casos e o localizador é aquele que está na frase em relação com FAZER O QUÊ?, modificando ou completando seu sentido. Às vezes o localizador fica embutido no pronome, como no caso da primeira frase, abaixo, onde "Te" é uma forma de "para ti". O localizador é *para*, ou *a*, mas ele não aparece. Veja o boxe 43 – **O que é pronome oblíquo?**

Te enviei um *e-mail* ontem.
FIZ O QUÊ?
[enviei] O QUÊ? [um *e-mail*]
[enviei para] QUEM? [ti]*
te = para ti

A recepcionista não soube informar o local da sala da reunião para o visitante.
NÃO SOUBE FAZER O QUÊ?
[não soube informar] O QUÊ? [o local da sala da reunião]
[não soube informar para] QUEM? [o visitante]

Recebi tantos presentes dos meus convidados que ainda nem abri todos.
FIZ O QUÊ?
[recebi] O QUÊ? [tantos presentes]
[recebi de] QUEM? [meus convidados]

Localizadores modificam o significado de FAZER O QUÊ?.

VIVÊNCIA 36

Assinale a resposta certa, escolhendo o localizador cujo uso, na frase, conduz à ideia apresentada entre parênteses.

1. Os combatentes **lutam** _______ seus ideais. (*buscam conquistar*)

( ) por ( ) em ( ) com ( ) contra ( ) a

2. Os combatentes **lutam** _______ seus inimigos. (*enfrentam*)

( ) por ( ) em ( ) com ( ) contra ( ) a

3. Os combatentes **lutam** _______ as tropas aliadas. (*unem-se a*)

( ) por ( ) em ( ) com ( ) contra ( ) a

4. A pedicure **atende** _______ casa.[62] (*trabalha*)

( ) por ( ) em ( ) com ( ) contra ( ) a

5. A pedicure **atende** _______ todas as novas clientes. (*responde a*)

( ) por ( ) em ( ) com ( ) contra ( ) a

6. A pedicure **atende** _______ Bete. (*se chama*)

( ) por ( ) em ( ) com ( ) contra ( ) a

7. Meu filho não pode **responder** _______ mim. (*me dar uma resposta*)

( ) por ( ) em ( ) com ( ) contra ( ) para

8. Meu filho não pode **responder** _______ mim. (*me opor*)

( ) por ( ) em ( ) com ( ) contra ( ) para

9. Meu filho não pode **responder** _______ mim. (*me representar*)

( ) por ( ) em ( ) com ( ) contra ( ) para

1. por; 2. contra; 3. com; 4. em; 5. a; 6. por ; 7. para; 8. contra; 9. por

---

[62] Pode-se argumentar que "em" faz parte da unidade [em casa] = ONDE?, mas atender com sentido de trabalhar é em geral usado com "em", o que fez com que fosse escolhido como exemplo para esta Vivência.

COMENTÁRIO 36

Nos exemplos anteriores estamos usando o mesmo verbo para demonstrar que é o localizador que "ajeita" o sentido para que o verbo tenha o significado específico do uso em questão, indicado entre parênteses. Procure observar em quais outros casos isso também acontece. Que outros verbos você usa que são modificados no seu sentido por um localizador?

O que fazem localizadores em [FAZER O QUÊ]?

Os localizadores completam ou modificam o significado de FAZER O QUÊ?.

O que fazem os localizadores? **SÍNTESE**

Introduzem unidades de informação que genericamente respondem à pergunta COMO? ou DE QUE TIPO?

Introduzem unidades de informação que genericamente respondem à pergunta COMO ou ONDE ou QUANDO FAZ?

Integram – fazem parte de – unidades de informação que respondem à pergunta FAZER O QUÊ? em suas várias formas e tempos.

Nas unidades de informação que respondem às perguntas [COMO?] ou [ONDE?] ou [QUANDO FAZ?] geralmente aparecem assim: [LOCALIZADOR + O QUE].

Nas unidades de informação que respondem às perguntas [FAZER O QUÊ?] geralmente aparecem assim: [FAZER O QUÊ? + LOCALIZADOR].

42

O que é preposição?

As preposições são localizadores. Ambos os nomes, "preposição" e "localizador" têm relação com "situar no espaço". Enquanto "preposição" significa algo como "colocado antes" (e de fato as preposições em português vêm antes de O QUE e QUEM nas unidades de informação que integram), "localizador" indica a função de posicionar. O nome também poderia ser *situador*, ou *posicionador*, palavras que dão a ideia de direcionar as unidades de informação que essas palavras integram para um espaço, um tempo, uma maneira, uma finalidade, uma característica, dentre outros "direcionamentos".

○ LISTA DE LOCALIZADORES

Veja a seguir uma lista com localizadores. Alguns itens são expressos com mais de uma palavra.

a
após
ante
com
sobre
sob
afora
como
trás
conforme
consoante
exceto
durante
sem
perante
por
de
até
contra
entre
com
per
desde
em
para
depois de
dentro de
segundo
salvo
ao invés de
em vez de
embaixo de
em frente a
junto de
antes de
atrás de
de acordo
ao lado de
através de
acima de
perto de
abaixo de
além de
por entre
...

43

O que é pronome oblíquo? Oblíquo átono e tônico? Comitativo?

Pronome oblíquo é o nome dado a qualquer uso de pronome como participante de FAZER O QUE – ou seja, qualquer uso de pronome no lugar de objeto do verbo.

Se diz que ele é átono – literalmente "sem som" – ou tônico, "com som". No primeiro caso o pronome não tem ênfase na sua pronúncia na frase, e no segundo, tem. Esse pode ser um grande indicador do uso de um e de outro, sem exigir muita análise – basta observar se o pronome é "com" ou "sem som" (na verdade, "ênfase sonora" sobre si).

Escreva T, de "tônico", ao lado do pronome com ênfase na pronúncia e A, de "átono", ao lado do pronome sem ênfase na pronúncia.

Ela me deu um presente. ( )

Ela deu um presente para mim. ( )

Os átonos têm sua forma e os oblíquos também.

Considere que **pronomes substituem ou representam nomes**, portanto respondem à pergunta O QUÊ? ou QUEM? Reveja o boxe 7 – **O que é pronome?**

Os **pronomes oblíquos átonos**: "me", "te", "nos", "o", "os", "a", "as"[63] e "se" são usados assim: FAZER O QUE + QUEM ou O QUE. Eles substituem ou **representam o objeto direto**. Reveja o boxe 17 – **O que é objeto?**

Eu o vejo todos os dias no ônibus.

Eu te vi ontem na rua.

Os pronomes oblíquos átonos, aqui **somados de "*lhe*", "*lhes*"**, também são usados assim: FAZER O QUE (+ LOCALIZADOR) + QUEM ou O QUE; o locali-

[63] **"O", "os", "a", "as"** podem ter outras formas: **lo, la, los, las** e **no, na, nos, nas**. As formas iniciadas com 'l' são usadas com os verbos quando terminam em -r, e o 'r' some: fazer → fazê-lo, distrair → distraí-lo, etc. As iniciadas com 'n' vêm depois dos verbos quando terminam em -m, -ão e -õe. São sons nasais, ou seja, sons que "saem pelo nariz", assim como o 'n', e seguindo uma lei dos sons segundo a qual os semelhantes se atraem, essas formas se combinam: fazem-no, dão-na, põe-na, etc.

zador está dentro do pronome, não aparece dito na frase – por isso está entre [ ]. **Por causa do localizador oculto, eles substituem ou representam o objeto indireto.**

Ele te deu um presente e você nem ligou.[64]

[te deu = deu para ti = FEZ O QUE [+ LOCALIZADOR = para] + QUEM ou O QUE]

Ela lhe entregará o bilhete e desaparecerá. [lhe entregará = entregará a ele/ela/você = FARÁ O QUE [+ LOCALIZADOR = a] + QUEM ou O QUE]

Os **pronomes oblíquos tônicos**: "mim", "ti", "você", "nós", "ele", "eles", "ela", "elas" e "si" são usados assim: FAZER O QUE + LOCALIZADOR + QUEM ou O QUE – o localizador aparece:

Recebi de ti o presente.

Lutaram contra eles [seus inimigos] até o amanhecer.

Gosto dela. [= de + ela]

Existem formas específicas quando FAZER O QUE + **LOCALIZADOR = COM** + QUEM ou O QUE. Essas formas de pronomes são chamadas de **comitativas**. [do latim *comitatus*, "que acompanhou ou tem acompanhado"].

"comigo", "contigo", "conosco" e "consigo"

Fique conosco! Não nos deixe, por favor!

"nos" na frase acima é pronome oblíquo:

tônico [ ]   átono [ ]

Ela me deu um presente. (A)
Ela deu um presente para mim. (T)
átono (X)

[64] Isso tudo está mudando muito – usamos "você" e na mesma frase os pronomes que eram originalmente as formas para "tu"; independente(mente) de julgamento, isso já acontece – o exemplo dado é muito comum.

44

O que é ênclise, mesóclise e próclise?

A terminação *-clise* vem do grego *klísis*, "inclinação"; *ênclise* é "inclinar/encostar no fim" da palavra, *próclise* é fazer isso "no início" da palavra e *mesóclise* é fazer isso "no meio". São as posições do pronome átono junto com o verbo. Coloquialmente preferimos a próclise, quando o pronome aparece antes:

Você pode me + explicar isso?

ênclise – depois: Pode explicar-me isso?

mesóclise – no "meio" – mas só quando o verbo tem um "meio", o que acontece no futuro[65] – explicar-me-á um dia, sei que o fará...

Existem mais – muitas mais – descrições para o uso desses posicionamentos de pronome, voltadas para determinar usos mais e menos aceitos.

45

O que é pronome reflexivo?

Pronome reflexivo é a forma de O QUE ou QUEM participante (reveja o boxe 17 – **O que é objeto?**) quando o realizador e o participante – o sujeito e o objeto – são o mesmo. O FAZER se "reflete" em quem o faz. Exemplo clássico: Eu me olho no espelho (e vejo a mim mesma, por isso o "me" é reflexivo).

Você se cortou com o caco de vidro sem querer! (você fez o corte e você recebeu o corte)

[65] O futuro é incerto... tanto que nossa forma de futuro em uma palavra só, portanto as formas que terminam em *-ei, -á, -emos, -arão*, nada mais são do que um desejo de FAZER, antigamente expresso com "haver", mais o infinitivo (explicação simplificada): **Hei de entender – entenderei** – isso de uma vez por todas. **Eles hão de concordar – concordarão** – que basta dessa confusão. Tudo isso com a ressalva de que é mais comum e natural para nós expressar o futuro com "ir + infinitivo": vou voltar para a explicação dos pronomes oblíquos átonos e tônicos agora. Você vai fazer a Vivência?

eu – "me", ele/ela/você/tu – "se"/"te", nós – "nos", eles/vocês – "se".

Quando ocorre <u>localizador + pronome reflexivo</u>, as formas são

eu – "mim", ele/ela/você/tu – "si"/"ti", nós – "nós", eles/vocês – "si".

Eu vejo <u>a mim</u> mesma no espelho.

Você cortou <u>a si</u> mesmo com o caco de vidro sem querer!

○ CONECTORES

VIVÊNCIA 37

Circule a(s) palavra(s) que tem(têm) o papel de conector(es) nas frases abaixo. Observe que podem conectar e não estar no meio das frases, e sim iniciando-as. Para ajudar: conectores, assim como as demais palavras de organização[66], não respondem a perguntas sozinhos.

1. O leitor leu a ordem da Vivência **e** começou a responder.
2. Começou a responder, mas parou.
3. Parou porque não entendeu muito bem o enunciado.
4. Achou que seria mais simples do que estava sendo.
5. Antes que desistisse de vez da Vivência, resolveu tentar novamente.
6. Se conseguisse resolver a Vivência, sentiria um grande alívio.

2. mas; **3.** porque; **4.** mais – do que; **5.** Antes que; **6.** Se

---

[66] Exceção feita aos marcadores que hospedam O QUE ou QUEM.

COMENTÁRIO 37

Dito da forma mais simples possível, os conectores unem ou relacionam as unidades de informação. Eles podem conectar unidades de informação de mesmo tipo:

O dia está quente **e** ensolarado.
O dia está COMO? **e** COMO?.

Mas o que em geral distingue essa união ou relação que os conectores estabelecem é a presença de duas unidade de informação FAZER O QUE em cada "lado" da frase. Conecta dois verbos "aplicados" ou sendo realizados por O QUE ou QUEM, portanto com tempo e realizador (reveja **2º diagrama – Quando os verbos informam quem e quando faz** em **Como terminam as palavras que representam um fazer (...)** p. 100: não "fazer", mas faço – *eu, hoje* – ou fizeram – *eles, ontem* – e assim por diante.

É assim porque nos comunicamos muito para informar nossos FAZERES – o que fazemos, e em torno do que fazemos estão as demais informações: QUEM ou O QUE FAZ, O QUE ou QUEM aquilo que fazemos modifica, ONDE, QUANDO, COMO fazemos, dentre tantas outras informações que identificamos com as perguntas, naturais e de análise. FAZER é, assim, a parte central da frase.

Os conectores unem as frases – as unidades de informação organizadas em torno da parte central que comunica o que fazemos, e estabelecem também a forma como essa união ou relação acontece: de dependência, contraste ou oposição, sequência, simultaneidade, condição, suposição, dentre outras. Vamos identificar alguns tipos de relação que os conectores estabelecem, depois veremos os conectores que servem a elas.

VIVÊNCIA 38

Ligue a frase ao conector e sua explicação.

O leitor leu a ordem da Vivência _____ começou a responder.

Ele começou a responder, _____ parou.

Parou _____ não entendeu muito bem o enunciado.

Achou que seria mais simples _____ estava sendo.

_____ desistisse de vez da Vivência, resolveu tentar novamente.

_____ conseguisse resolver a Vivência, sentiria um grande alívio.

PORQUE = um FAZER explica o motivo do outro

DO QUE = comparando

MAS = um FAZER opõe o outro

ANTES QUE = sequência de FAZERES

E = soma de FAZERES

SE = condição/um FAZER depende do outro

O leitor leu a ordem da Vivência _____ começou a responder.
Ele começou a responder, _____ parou.
Parou _____ não entendeu muito bem o enunciado.
Achou que seria mais simples _____ estava sendo.
_____ desistisse de vez da Vivência, resolveu tentar novamente.
_____ conseguisse resolver a Vivência, sentiria um grande alívio.

PORQUE = um FAZER explica o motivo do outro
DO QUE = comparando
MAS = um FAZER opõe o outro
ANTES QUE = sequência de FAZERES
E – soma de FAZERES
SE = condição/um FAZER depende do outro

COMENTÁRIO 38

Os exemplos anteriores são todos formulados com conectores "clássicos", ou seja, palavras muito comuns que servem para fazer a ligação entre unidades de informação ou conjuntos delas – frases. Muitas palavras, porém, têm o papel de conectar unidades de informação, e muitas vezes estabelecendo relações mais sutis do que as indicadas anteriormente.

VIVÊNCIA 39

Escreva o número da explicação sobre a relação estabelecida nos parênteses ao lado da frase:

Nós fomos no encontro. Eles estavam lá.

a. Nós fomos no encontro, **porque** eles estavam lá. ( )

b. Nós fomos no encontro, **e** eles estavam lá. ( )

c. Nós fomos no encontro, **embora** eles estivessem lá. ( )

...

1 eles estarem lá é a causa para ir no encontro

2 eles estarem lá era um motivo para não ir no encontro

3 eles estarem lá foi uma "descoberta" para quem foi ao encontro

a. (1); **b.** (3); **c.** (2).

COMENTÁRIO 39

Os conectores podem relacionar frases ou ideias que são claras separadamente e sem eles. Evidentemente, nesse caso, sem o conector a relação entre as ideias expressas não fica estabelecida.

Os conectores podem ainda estar dentro de uma unidade de informação. Assim, criam dependência entre as frases ou ideias, ou seja, uma delas não é clara separadamente e sem eles:

Eu quero que você explique as coisas de um modo simples.

[Eu] QUEM?

[quero] FAÇO O QUÊ?

[que você explique as coisas de um modo simples] O QUE eu quero?

- essa frase não tem sentido sozinha. "QUE" está dentro de uma unidade de informação que responde à pergunta O QUÊ?. Tanto é assim que a unidade onde o conector está pode ser substituída por outras, com a mesma informação mas sem "quero" e as unidades que o completam:

[que você explique as coisas de um modo simples] = [suas explicações simples]

[Eu] [quero] [que você explique as coisas de um modo simples].

Comunica mais ou menos o mesmo que:

[Eu] [quero] [suas explicações simples].

E por que complicar, então, fazendo frases mais longas com conectores dentro de unidades de informação e criando "degraus" na relação entre as ideias?

Esse uso[67] de conectores "que", "quando", "como", etc. permite que nossa comunicação seja mais rica, mais pessoal, mais dinâmica e especial para cada momento. É um recurso para diversificar, extremamente útil e versátil. Afinal, com esse recurso, quase nenhuma frase é exatamente igual a outra.

46

O que é frase? O que é oração subordinada? O que é oração principal?

A **oração** é a comunicação de um FAZER junto com as demais informações (QUEM FAZ, FAZ O QUÊ, FAZ ONDE, FAZ QUANDO, etc.).

Cada oração corresponde à parte que tem um FAZER "central" sendo realizado por O QUE ou QUEM, portanto com tempo e realizador indicados nele, mais as outras informações que o completam, mencionadas no parágrafo acima.

Estamos tratando "oração" aqui por frase ou ideia, mas na gramática

[67] Em geral as palavras usadas nas perguntas são as que criam os degraus e as dependências entre as ideias nas frases.

tradicional uma **frase** é uma sequência de palavras que terminam com um ponto. Assim, uma frase **pode ter** duas ou mais orações, porque uma única frase **pode ter** mais de um FAZER. (Exatamente como esta última frase, com as duas unidades centrais PODE FAZER O QUÊ?, portanto com duas orações conectadas com *porque*.)

Genericamente, uma **oração subordinada** é uma ideia – um FAZER central junto com as demais informações – que fica dentro de uma unidade de informação ou simplesmente uma ideia que depende de outra para fazer sentido.

A **oração principal** é aquela em que uma ou mais unidades de informação tem um FAZER, ou aquela que dá sentido a outra, sendo que essa outra dela depende.

○ CONECTORES FORA DAS UNIDADES DE INFORMAÇÃO:

Enquanto penso sobre exemplos de conectores, me ocorre essa frase.

enquanto = conecta ideias, fatos ou relatos simultâneos, ou seja, que ocorrem ao mesmo tempo

ideia 1 – penso sobre exemplos de conectores

FAÇO O QUÊ? [penso sobre]

O QUÊ? [exemplos de conectores]

ideia 2 – me ocorre essa frase

ACONTECE O QUÊ? [ocorre a]

QUEM? [mim]

(ACONTECE O QUÊ? [ocorre])[68]

O QUÊ? [essa frase]

- FAÇO O QUÊ? **enquanto** ACONTECE O QUÊ?

[68] Para entender por que "ocorre" aparece duas vezes, reveja o boxe 41 – **O que é verbo transitivo direto, transitivo indireto** (...).

○ EXEMPLO DE CONECTOR DENTRO DE UMA UNIDADE DE INFORMAÇÃO – A PALAVRA DE ORGANIZAÇÃO "QUE"

Me ocorre ainda essa outra frase que mostra um conector dentro de uma unidade informação.

que = aqui, representa e detalha *frase*, O QUE ou QUEM que vem antes. Sem o conector seria:

Me ocorre ainda essa outra frase.

Essa outra frase mostra um conector dentro de uma unidade informação.

essa outra frase = **que**

ideia 1 – Me ocorre ainda essa outra frase

ACONTECE O QUÊ? [ocorre a]

QUEM? [mim]

O QUÊ? [essa frase]

COMO? [ainda] (aqui o mesmo que *adicionalmente*)

ideia 2 – COMO é essa frase? O que ela faz?

essa outra frase mostra um conector dentro de uma unidade informação[69]

FAZ O QUÊ? [mostra]

O QUÊ? [um conector]

ONDE? [dentro de uma unidade informação]

47

O que é conjunção? Conjunção coordenativa? Subordinativa?

Uma conjunção é um conector.

Uma conjunção coordenativa é um conector que fica "fora" das unidades de informação, conforme a explicação acima.

Uma conjunção subordinativa é de modo geral um conector que fica dentro de uma unidade de informação.

[69] A letra menor indica que esta ideia é dependente de outra, está dentro da unidade de informação.

Observe que, em muitos casos, um conector é ao mesmo tempo "a maneira como quem ou o que faz ou como algo acontece; como ou onde ou quando faz ou acontece".

Você pode entender um conector como uma palavra que liga ideias, em outras palavras, como uma ponte entre elas.

Imagine que estamos em um teatro. Cada coisa que fazemos – cada FAZER que expressamos – é uma cena de uma peça teatral. "As maneiras" que expressamos funcionam para nossos FAZERES como os cenários no palco. Elas dão informações óbvias e necessárias como "quando" ou "onde" o ator – o realizador – faz a cena ou a cena acontece, até informações mais sutis, relacionadas a "como" (*sutilmente, abruptamente, com suspense, com alegria*, ...). Os conectores são, muitas vezes, mais uma informação desse tipo, com a função adicional de costurar – ligar, encadear, relacionar – uma cena com a outra. Se estamos fazendo mais de uma coisa ao mesmo tempo no palco, temos "as maneiras" que indicam como devemos entender aquela cena dupla: é uma colaboração? Uma oposição? Uma vem antes ou depois da outra? É para prestar bastante atenção agora?

VIVÊNCIA 40

Categorias de conectores – mais Vivências:

Leia as frases que seguem e relacione-as com as categorias listadas na coluna da direita. Os conectores estão indicados **em verde**.

1	A cozinheira leu a receita, **mas** não fez o bolo. A cozinheira leu a receita, **porém** não fez o bolo. **Embora** a cozinheira <u>tenha</u> lido a receita, ela não fez o bolo. **Ainda que** <u>tenha</u> lido a receita, a cozinheira não fez o bolo.	( )	Adição

2	Eu posso fazer um bolo melhor **do que** o que a cozinheira faz. Eu posso fazer um bolo **tão** <u>bom</u> **quanto** o que a cozinheira faz. Eu posso fazer um bolo **como se** fosse uma cozinheira.	( )	Oposição
3	A cozinheira, cansada de tanta indecisão, disse: não vou fazer o bolo segundo a receita **nem** inventar.	( )	Causa e Efeito
4	A cozinheira tem de ler a receita, **senão** o bolo vai ficar ruim. A cozinheira tem de ler a receita, **caso contrário** o bolo vai ficar ruim.	( )	Comparação
5	O bolo, **cuja** receita eu aprendi de cor, ficou bom. O bolo **onde** coloquei uns enfeites especiais ficou bom. O bolo **que** eu fiz ficou bom. O bolo, <u>do</u> **qual** não aguento mais ouvir falar, ficou bom. Ela explicou **como** o bolo devia ser feito.	( )	Tempo
6	**À medida que** você lê a receita, as chances de erro na cozinha diminuem. **Conforme** você lê a receita, as chances de erro na cozinha diminuem. **Assim que** você lê a receita, as chances de erro na cozinha diminuem. **Enquanto** você lê a receita, as chances de erro na cozinha diminuem. **Depois que** você lê a receita, as chances de erro na cozinha diminuem. Suas chances de erro na cozinha não diminuem **antes que** você leia a receita. **Quando** você lê a receita, as chances de erro na cozinha diminuem.	( )	Condição ou hipótese
7	A cozinheira leu a receita **e** fez o bolo. A cozinheira leu a receita **bem como** fez o bolo. A cozinheira **não apenas** leu a receita **como também** fez o bolo. **Além de** ler a receita, a cozinheira **ainda** fez o bolo. A cozinheira **tanto** <u>leu</u> a receita **quanto** fez o bolo. Le**ndo** a receita a cozinheira fez o bolo.	( )	Especificações

8	O bolo ficou bom **porque** a nova cozinheira leu a receita antes. **Já que** a nova cozinheira leu a receita antes, o bolo ficou bom. **Uma vez que** a nova cozinheira leu a receita antes, o bolo ficou bom. **Como** a nova cozinheira leu a receita antes, o bolo ficou bom. O bolo ficou bom **pois** a nova cozinheira leu a receita antes. A nova cozinheira leu a receita antes, **portanto** o bolo ficou bom.	( )	Contraste
9	**Se** eu ler a receita, o bolo vai ficar bom. O bolo vai ficar bom **contanto que** eu leia a receita. **Se ao menos** eu ler a receita, o bolo tem chance de ficar bom. As chances de erro na cozinha diminuem **desde que** você leia a receita.	( )	Exclusão
10	A cozinheira disse: **ou** faço o bolo segundo a receita **ou** invento.	( )	Escolha

(7) Adição; (1) Oposição; (8) Causa e Efeito; (2) Comparação; (6) Tempo; (9) Condição ou hipótese; (5) Especificações; (4) Contraste; (3) Exclusão; (10) Escolha.

COMENTÁRIO 40

A parte da gramática que trata do tema de unir "frases" é longa e complexa. Nesta visão introdutória da Gramática Intuitiva, oferecemos um olhar geral e simplificado do tema, onde o mais importante é saber que existem palavras que têm a função de conectar, poder identificá-las, e sobretudo reconhecer que tipo de relação elas estabelecem entre as ideias, pensar sobre elas e saber que temos escolhas para fazê-las.

LISTA DE CONECTORES

Veja a seguir uma lista de conectores. Alguns itens são expressos com mais de uma palavra.

bem como
ou
ao passo que
tanto – quanto
não apenas – como também
caso contrário
ao passo que
senão
nem
além de
mas
porque
-ndo
enquanto
já que
embora
contanto que
do que
porém
conforme
pois
depois que
como se
assim que
desde que
à medida que
portanto
quando
considerando que
uma vez que
desde que
como
antes que
o que
o(s) qual(ais)
que
se ao menos
tão/tanto... quanto
onde
cujo(a)(s)
...

4 SÍNTESE DA GRAMÁTICA INTUITIVA

Identificando as categorias e fazendo as perguntas pudemos analisar vários aspectos da organização da nossa língua, desde como as palavras são formadas até a forma como nós as agrupamos para gerar as informações. Identificamos tipos, padrões, tendências e também "traduzimos" os termos mais comuns da gramática normativa. O que mais podemos fazer?

Podemos usar a Ferramenta de Perguntas e as unidades de informação para:

1. **pensar** sobre como escrevemos – sobre o que estamos dizendo – e organizar nossa escrita de formas variadas, e
2. **substituir** palavras e unidades de informação para maior ou menor simplicidade, concisão, clareza, entre outros aspectos.

Podemos usar a Ferramenta de Perguntas para pensar sobre como escrevemos e fazer escolhas de ênfase e composição de nossas ideias.

Na frase anterior, temos várias informações. Elas estão mais ou menos mapeadas com a numeração abaixo. Cada numeração equivale aproximadamente a "um item informado".

[Podemos usar 1+ 2]

[a Ferramenta de Perguntas 3]

[para pensar sobre como escrevemos e fazer escolhas de ênfase e composição de nossas ideias 4].

[para 4-1 [pensar sobre 4-2] [como escrevemos 4-3] e [fazer 4-4] [escolhas 4-5] [de ênfase e composição 4-6] [de nossas ideias 4-7]].

Poderíamos numerar os itens de outras formas também, fazendo outras separações e identificando outros itens. Não existe um certo e um errado, e sim um agrupamento mais ou menos abrangente.

VIVÊNCIA 41A

Diga a mesma coisa de outra maneira respeitando o início da frase como indicado. Na chave de respostas repetimos a numeração do mapeamento para você conferir se todas foram incluídas:

O uso da Ferramenta de Perguntas **nos capacita a pensar em nossa forma de escrever e escolher como compor e enfatizar as nossas ideias**.

Pensar sobre como escrevemos ____

____.

A nossa maneira de escrever ____

____.

VIVÊNCIA 41B

Agora diga a mesma coisa usando as palavras ou expressões dadas – elas devem aparecer na nova formulação da frase.

Podemos usar a Ferramenta de Perguntas para pensar sobre como escrevemos e fazer escolhas de ênfase e composição de nossas ideias.

nossa capacidade de pensar

A Ferramenta de Perguntas pode ser útil para melhorar ***nossa capacidade de pensar*** *sobre como escrevemos e fazer escolhas de ênfase e composição de nossas ideias.*

através

____

____

como escolhemos

____

____

construir e chamar a atenção para

____

____

...

[O uso 2] [da Ferramenta de Perguntas 3] [nos capacita 1] [a pensar em 4-1 + 4-2] [nossa forma de escrever 4-3] e [escolher 4-4 + 4-5] [como compor e enfatizar nossas ideias 4-6 + 4-7]
[Pensar sobre 4-2] [como escrevemos 4-3] e [fazer 4-4] [escolhas 4-5] [de ênfase e composição 4-6] [de nossas ideias 4-7] [é] [aquilo] [a que o uso da Ferramenta de Perguntas nos habilita 2 + 4-1 + 3 + 1].
A nossa maneira de escrever 4-3] e [as nossas escolhas 4-4 + 4-5] [para enfatizar e compor ideias 4-6 + 4-7] [podem 1 ser] [objeto da nossa reflexão 4-1 + 4-2] [através do uso 2] [da ferramenta de perguntas 3].
nossa capacidade de pensar
A Ferramenta de Perguntas pode ser útil para melhorar ***nossa capacidade de pensar*** *sobre como escrevemos e fazer escolhas de ênfase e composição de nossas ideias.*

através
Através *da Ferramenta de Perguntas podemos pensar sobre como escrevemos e fazer escolhas de ênfase e composição de nossas ideias.*
como escolhemos
Podemos usar a Ferramenta de Perguntas para pensar sobre como escrevemos e ***como escolhemos*** *fazer ênfase e composição de nossas ideias.*
construir e chamar a atenção para
Podemos usar a Ferramenta de Perguntas para pensar sobre como escrevemos nossas ideias e como escolhemos ***construir e chamar a atenção para*** elas.

VIVÊNCIA 41C

Destacamos as unidades de informação e as escrevemos de outra forma. Assim elas respondem a perguntas diferentes, envolvem outras palavras, e podemos diversificar e enriquecer nossa comunicação. Exercite sua capacidade de dizer a mesma coisa de várias formas com as unidades de informação abaixo:

[Podemos usar]
nossa possibilidade de usar
nossa capacidade de usar
nossa possibilidade de uso
nossa capacidade de uso
...
[a Ferramenta de Perguntas]:
o exercício de fazer perguntas
as perguntas
o ato de perguntar
...

para [pensar sobre]:
como a finalidade de refletir
com o objetivo de pensar

____

____

____

...

[como escrevemos]:

____

____

____

...

[fazer] + [escolhas]:

____

____

____

...

[escolhas] + [de ênfase e composição]

____

____

...

ênfase e composição [de nossas ideias]

____

____

...

COMENTÁRIO 41A/ 41B/ 41C

Quando exercitamos nossa capacidade de dizer a mesma coisa de várias maneiras, estamos exercitando também nossa flexibilidade. Mais do que isso, se de fato a comunicação – aqui, a palavra em uso – é nossa ponte com o mundo e nossa forma de relacionamento com os outros, então com esse tipo de Vivência estamos, de fato, fortalecendo essa ponte e enriquecendo esses relacionamentos. Claro, é uma relação indireta, quase subjetiva, mas inegavelmente lógica.

As palavras do grande gramático Evanildo Bechara, que ao lado de outras duas citações abrem este livro, são sábias ao afirmar que "o sucesso da educação linguística é transformar [o falante] num poliglota dentro de sua própria língua nacional". E o são também porque trazem esta importante compreensão: ser poliglota, falar *portugueses*[70], é nossa capacidade de usar nossa língua de forma múltipla. Isso, *grosso modo*, corresponde à capacidade de nos adaptarmos a diferentes contextos, sem perder a expressividade e a naturalidade em cada um deles. Mas esse pensamento tem ainda outras extensões: podemos ser simples e assim sermos compreendidos em mais contextos; podemos ser enfáticos e ver nossas ideias fazer sentido para muitos interlocutores. Podemos ser estratégicos, cooperativos, atraentes; podemos ser de muitos jeitos através do uso dinâmico, flexível, explorado, vivenciado e experimentado da palavra.

O uso da Ferramenta de Perguntas e da separação da frase em unidades de informação, além do que vimos ao longo do livro, serve então como um recurso independente, para autoanálise, que tem a finalidade de aumentar a clareza e a expressividade. Também pode nos servir para aumentar nossa concisão, a capacidade de ser direto ou sutil ao veicular uma informação, ou ainda, enfim, desenvolver os traços expressivos que acharmos necessários. As Perguntas são o ponto de partida, e enfatizo a noção de "ponto de partida" pois, como mencionei na introdução, não estamos a serviço da técnica, ela sim é que está a nosso serviço. Isso significa dizer que, uma vez que tenhamos dominado o recurso, ele fica obsoleto e se incorpora a nossa capacidade expressiva, sobretudo a escrita. Com essa ressalva em mente, usando as perguntas e o que a técnica nos dá, podemos influenciar a nós mesmos para além do uso ordinário, corriqueiro e nivelado da língua para explorar seu uso criativo, revelador e transformador. Objetivamente, **as Perguntas servem como medida acessível a qualquer um de nós para identificar a quantidade e a qualidade da informação que estamos comunicando.** Como tudo o mais em nossa vida, um texto não é para ficar parado ou permanecer na forma como foi produzido. Sempre pode ser melhorado. E essa melhora não envolve necessariamente o uso de regras, mas o contato cada vez mais consciente com o idioma através de leituras, trocas, reformulações e reflexões, e o pensar sobre o que queremos dizer ao dizê-lo.

[70] Reveja **Língua no plural**, p. 10.

EXODUÇÃO[71]

CARO(A) LEITOR(A),

A diferença entre abordar um conhecimento de forma mecânica, ou seja, pontual e de fora para dentro, ou orgânica, quer dizer, internamente, sistemicamente, está no fato de que a primeira se desgasta pelo uso, e a última se fortalece com ele. Ouvi essa constatação do Professor Tomio Kikuchi[72] e vejo que ela se aplica muito bem à Gramática Intuitiva. E como isso tem a ver com ela? Ora, as regras têm natureza mecânica, pois são ditadas externamente. Vêm de fora para dentro. Já as perguntas são feitas à luz do uso específico e do contexto – e são feitas

[71] *Exo-* = para fora; *-dução* = caminho – em contraste com "introdução" = "caminho para dentro".

[72] Educador, pensador e estrategista japonês, naturalizado brasileiro – fonte: http://pt.wikipedia.org/wiki/Tomio_Kikuchi

dentro do sistema da frase. Entendemos assim a frase como órgão, o que enfatiza a necessidade de cada parte, como a produzimos intuivamente, para funcionar.

Quando podemos acessar um sistema que funciona apesar de regras e paralelamente a elas (com suas próprias regras internas e naturais), como é o caso do nosso conhecimento intuitivo de português ou de qualquer idioma nativo ou que usemos naturalmente, observamos que, de fato, organicamente as unidades de informação se completam, e se abrem assim para detalhamento e aprofundamento – podem ser alteradas, reposicionadas, omitidas, etc. E é justamente a possibilidade de olhar para cada unidade de informação e pensar sobre ela, detalhando-a e aprofundando-a ou não; sintetizando-a ou não, modificando-a enfim, que nos serve para fortalecer e alavancar nossa comunicação a partir do que temos, intuitivamente.

Ao longo dos anos em que pensei sobre a melhor maneira de apresentar a visão da nossa língua que expus neste livro, uma grande dificuldade que enfrentei foi encontrar a sequência adequada de exposição dos conteúdos. Porque percebi que o uso das perguntas em contexto e a análise das unidades de informação consistem justamente nesta abordagem orgânica, onde o todo tem de ser levado em conta para a compreensão de cada parte, e onde cada parte faz sentido no todo em que aparece.

Me alegra, portanto, essa "coincidência" sobre a abordagem orgânica × mecânica e a ideia de que a primeira pode nos fortalecer em nosso conhecimento da nossa língua, abrindo novas vias de análise e uso. Assim, na esteira da dita coincidência, concluo a Gramática Intuitiva convidando meus leitores a continuar pensando sobre ela, pois, exatamente como tudo que é orgânico, esta Gramática Intuitiva está em processo, fazendo-se a cada uso.

A linguagem verbal, nossa língua, é o caminho que temos para reconhecer e vivenciar nossa existência: nosso convívio com nós mesmos, com nosso pensar, e também com os outros, justificando que a comunicação exista. À medida que usamos nosso idioma para expressar o que fazemos, acredito que a Gramática Intuitiva pode nos ser útil no esforço de entender como fazemos as coisas e como podemos melhorar nosso fazer, com a flexibilidade e a percepção que a vida nos oferece e nos exige. Por ser intuitivamente acessível, pode ser diretamente útil como meio de análise lógica e fácil para entendermos e aprimorarmos nossa comunicação, sobretudo a escrita; pode ser indiretamente útil, e muito útil ela pode ser, funcionando como um caminho de maior autonomia e libertação em nossa (re)construção cotidiana – que é o que fazemos com nossa realidade, sem nos darmos conta, a cada comunicação que formulamos.

Por último, uma constatação: nas línguas é inevitável que o errado – incomum, novo, estranho – de hoje venha a ser o certo – usual, comum, popular – de amanhã. Não há regras para isso, senão talvez apenas tendências que identificamos pela observação técnica, para saber de antemão o que fica igual, o que se perde e o que dá novos frutos. Cada um em seu horizonte de tempo, mudamos com nossas experiências, e nossa língua muda com o uso que fazemos dela.

Com carinho
Cristina A Schumacher

ÍNDICE

ROTAPLAN
GRÁFICA E EDITORA LTDA
Rua Álvaro Seixas, 165
Engenho Novo - Rio de Janeiro
Tels.: (21) 2201-2089 / 8898
E-mail: rotaplanrio@gmail.com